BEI GRIN MACHT SICH IHR WISSEN BEZAHLT

AF124672

- Wir veröffentlichen Ihre Hausarbeit, Bachelor- und Masterarbeit

- Ihr eigenes eBook und Buch - weltweit in allen wichtigen Shops

- Verdienen Sie an jedem Verkauf

Jetzt bei www.GRIN.com hochladen und kostenlos publizieren

Bibliografische Information der Deutschen Nationalbibliothek:

Die Deutsche Bibliothek verzeichnet diese Publikation in der Deutschen National-bibliografie; detaillierte bibliografische Daten sind im Internet über http://dnb.d-nb.de/ abrufbar.

Impressum:

Copyright © 2014 GRIN Verlag, Open Publishing GmbH
Druck und Bindung: Books on Demand GmbH, Norderstedt Germany
ISBN: 978-3-668-17288-3

Dieses Buch bei GRIN:

http://www.grin.com/de/e-book/315375/zusammenfassung-des-buches-res-romanae-von-heinrich-krefeld

Henriette Bartusch

Zusammenfassung des Buches "Res Romanae" von Heinrich Krefeld

GRIN Verlag

GRIN - Your knowledge has value

Der GRIN Verlag publiziert seit 1998 wissenschaftliche Arbeiten von Studenten, Hochschullehrern und anderen Akademikern als eBook und gedrucktes Buch. Die Verlagswebsite www.grin.com ist die ideale Plattform zur Veröffentlichung von Hausarbeiten, Abschlussarbeiten, wissenschaftlichen Aufsätzen, Dissertationen und Fachbüchern.

Besuchen Sie uns im Internet:

http://www.grin.com/

http://www.facebook.com/grincom

http://www.twitter.com/grin_com

Inhalt

1. LEITFADEN DER GESCHICHTE ROMS

1.1 Königtum und Grundlegung der Republik in den Ständekämpfen

Königtum und Adel

- Anfänge Roms liegen im Dunkeln von Sage und Erfindung
- Überliefertes Gründungsdatum 753 v. Chr. geht auf Berechnungen römischer Gelehrter zurück → von moderner Geschichtswissenschaft nicht bestätigt
- Nach archäologischen Beobachtungen → Stadtwerdung, die im 6. Jh. v. Chr. abgeschlossen war
- Hohe Wahrscheinlichkeit, dass Rom in religiösem Gründungsakt im 7. Jh. v. Chr. entstand
- Nach ältesten Einrichtungen der Stadt geht Gründung auf Etrusker zurück
- An Spitze des frühen Roms standen Könige = *reges* → vertraten Gemeinschaft gegenüber Göttern; kommandierten im Kriegsfall das Heer; sorgten bei Streitigkeiten für Schlichtung durch Rechtsspruch
- Daneben sehr mächtiger Adel, dessen führende Männer = *patres* / *Patrizier* waren im Senat (Rat der Alten) vertreten
- Senat beriet die Könige; hatte großen Einfluss auf Politik → Könige konnten somit kaum wirkliche Herrschaft ausüben
- Als König aus etruskischem Geschlecht der Tarquinier versuchte Herrschaft auszuüben, wurde er durch Widerstand der Adligen vertrieben → Adlige verwalteten fortan Angelegenheiten des Gemeinwesens = *res publica*

Ständekämpfe

- Angehörige der *res publica,* die nicht zum Adel gehörten = *Plebejer* lehnten sich gegen dessen Herrschaft auf
- Plebejer forderten Sicherheit in Rechtssprechung und Mitsprache bei Wahl der Befehlshaber und Gerichtsherren
- → Organisierten sich wie Staat im Staate → wählten eigene Vertreter, an der Spitze der Volkstribunen
- Gründeten ihre eigene Volksversammlung = *concilium plebis* und setzten eigene Magistrate zur Durchsetzung ihrer Forderungen ein = *Volkstribunen und Ädilen* = *Repräsentanten*
- *Patrizier* versuchten mit militärischer Befehlsgewalt = *imperium* Gehorsam zu erzwingen
- Es folgten Ständekämpfe über mehr als 150 Jahre (Ende 287 v.Chr.)
- Ausgleich wurde durch gesetzliche Regelungen = *leges* erzielt: Grundlage republikanischer Ordnung wurde Recht = *ius* und traditionelle soziale Norm / Sitte *mos*
- Versöhnung der Stände = Vorraussetzung für Erfolge Roms
- Von Ausgleich profitierten reichere & angesehenere Plebejerfamilien → bildeten zusammen mit alten Patriziergeschlechtern Senatsadel, mit besonders Prominenten Familien an der Spitze = *Nobilität*
- Rom blieb Aristokratie
- Führende Männer des Adelsfamilien = *Patrone*

1.2 Von der Stadt zum Weltreich

Die Eroberung Italiens

- nach Abschaffung des Königtums 510 v. Chr. und während der Entwicklung der Ständekämpfe erfolgten außenpolitische Kämpfe: → Auseinandersetzung mit Etruskern und Angriffe von italienischen Stämmen in den benachbarten Bergen
- Andererseits verstärkte Rom seine Stellung im Bund der Latiner → Rom gewann im Bund an Gewicht
- Angespannte äußere Lage förderte Bereitschaft zum Kompromiss zwischen Ständen
- → römische Republik konnte so schwere Katastrophe im Krieg gegen Kelten / Gallier und die Eroberung der Stadt verkraften
- Später beseitigten Römer Latinerbund (Latinerkrieg, 340-338 v. Chr.) und machten fast ganz Latium zum Teil des römischen Staates
- In folgenden Jahrzehnten: Sieg über die meisten Stämme in Italien
- wehrten schließlich Angriff des Königs Pyrrhos von Epirus ab
- Rom kontrollierte nun ganz Italien vom Appenninbogen bis zur Meerenge von Messina (275 v. Chr.)
- Römer hatten mit allen Städten und Stämmen Bündnisse abgeschlossen & Pflanzstädte = *coloniae* zur Kontrolle im ehemaligen Feindesgebiet und zur Versorgung ärmerer Bürger angelegt
- Stämme und Städte waren zur Heeresfolge verpflichtet, genossen aber innere Autonomie (= Italischer Bund)

Der Kampf um die Weltherrschaft

- Entwicklung der römischen Republik vom Stadtstaat zur Großmacht
- durch Expansion entstand in Unteritalien ein Spannungsfeld mit:
  - Griechenstädten (vor allem Syrakus), einheimischen italienischen Kriegern und der Großmacht Karthago (K. war an Sizilien interessiert)
- zwischen Rom und Karthago entwickelte sich Kampf um Vormachtstellung im westlichen Mittelmeerraum
  - 1. Punischer Krieg (264-241 v. Chr.): Krieg um Sizilien entwickelte sich zu Kampf um Vormachtstellung im westlichen Mittelmeer (Rom entschied Krieg zu seinen Gunsten im 2. Punischen Krieg)
  - 2. Punischer Krieg (218-201 v. Chr.): Auslöser war Konflikt in Spanien, Rom erlitt schwerwiegende Verluste, blieb aber beharrlich und schnitt Hannibals Versorgungswege ab → Sieg der Römer; Rom war bereits Weltmacht und ließ sich rasch in Auseinandersetzungen der hellenistischen Staaten im Osten des Mittelmeergebiets hineinziehen; Nach Sieg über Perseus von Makedonien in Schlacht bei Pydna dominierte Rom vollständig
  - 3. Punischer Krieg (149-146 v. Chr.): Sieg über und Zerstörung Karthagos → Vormachtstellung auch im östlichen Mittelmeerraum
  = Beginn des Imperium Romanums → römische Weltherrschaft

- schnelles Erlangen der Weltherrschaft / Eroberung und Expansion im 2. und 3. Jhd. V. Chr. hatte erhebliche Konsequenzen im Inneren:
  - führende Aristokraten (kommandierten Heere, genossen höchste Macht als Statthalter in Provinzen) wollten sich nicht mehr der sozialen Kontrolle durch Standesgenossen unterwerfen & wollten ihren politischen und sozialen Einfluss ökonomisch zur Geltung bringen
  - Aristokraten trieben in Feldzügen reichlich Beute ein, erhöhten als Statthalter in Provinzen den Steuerdruck, wollten mehr Landbesitz in Italien und Landwirtschaft durch Sklavenarbeit antreiben → führte zur Verarmung der Bauern = Besitzlose = *proletarii* → hauptstädtisches Proletariat entstand → Zahl der Soldaten ging zurück (wurden aus Bauern rekrutiert) → zunehmender Reichtum der Großgrundbesitzer → Zunahme innerer Spannungen → ungenügende Gewährleistung der Wehrhaftigkeit → Zerstörung des Gemeinschaftgefühls durch Streben Einzelner
  - Lösungen für aufgehäufte soziale Probleme:
    - Volkstribun Tiberius Gracchus (133 v. Chr.): Ackergesetz zur Begrenzung des Besitzes und Neuverteilung an Besitzlose → gegen Widerstand der Senatsmehrheit, wurde erschlagen → sich vertiefender Riss in der *res publica*
    - Gaius Gracchus (123 v. Chr.): stellte Senatsherrschaft in Frage, indem er sich einsetzte für Bundesgenossen, die nach röm. Bürgerrecht strebten und begüterte Nicht-Senatoren (Ritter) förderte → Volkstribun schien, gestützt auf Volksversammlung , zentrales Element der Republik zu werden → Ritterstand ließ sich nicht mobilisieren → Gaius scheiterte und wurde getötet
    - → römische Gesellschaft war nun vollends gespalten
      - *Optimaten:* hielten an bisheriger Führungsrolle des Senats fest; waren gegen jegliche Veränderungen der Besitzverhältnisse
      - *Popularen:* griffen vor allem die Forderungen des Volkes auf versuchten ihre Ziele mit Hilfe der Tribunen und der Volksversammlung zu lösen
    - → Problem der Landverteilung und der Rekrutierung blieb ungelöst
  - Ende 2. Jh. v. Chr. nahm Konsul Gaius Marius im Krieg gegen Jugurtha von Numidien & in Kämpfen gegen die Kimbern & Teutonen Besitzlose = *proletarii* ins Heer auf → Folge: Soldaten erwarteten von Feldherrn Versorgung nach Ablauf des Dienstes → Militärbefehlshaber erhielten nach Heeresreform des Marius Gewicht → Charakter der politischen Machtkämpfe in Rom veränderte sich
  - Proletarier erhielten durch Heeresdienst eine Tätigkeit und Aussicht auf gesicherte Versorgung → Soldaten fühlten sich mehr ihren Feldherren verpflichtet als Senat & Staat → offener Bürgerkrieg → führt zu Konflikten zwischen Militärpotentaten → Republik fand ihr Ende in den Konflikten der Militärpotentaten, in den Bürgerkriegen zwischen Pompeius und Caesar (49/48 v. Chr.) und zwischen Marcus Antonius und Octavian (Adoptivsohn Caesars) (32/31 v.Chr.), dazwischen Diktatur Caesars (49-44 v. Chr.)

1.4 Die Hohe Kaiserzeit

- Octavian hatte durch Schlacht von Actium (31 v. Chr.) alleinige Macht im Reich errungen → wollte Alleinherrschaft mit Regeln & Normen der *res publica* verbinden, indem:
  - er Senat formell und Senatoren in der Praxis an der Verwaltung des Reiches & dem Kommando über Truppen beteiligte
  - er sich streng an Klientelwesen hielt & sich mit religiöser Aura umgab
- Alles war in seinem neuen Namen *Augustus* & in seiner Bezeichnung *princeps* verkörpert
- War zwar Monarchie, unter welcher der Staat stand, aber wurde durch Rücksicht auf Senatsadel, Ritterstand, Heer und römischen Plebs akzeptiert
- Vorteile der Kaiserherrschaft für Provinzen mit Untertanen: weitgehende Autonomie der Städte, Besteuerung nicht mehr so hoch → Untertanen fühlten sich als Römer → festigte innere Ordnung des Reiches
- System blieb über Jh. hinweg stabil → gelegentliche, brutale Bürgerkriege zeigten aber, dass Grundlage eigentlich eine Militärdiktatur war → Herrscher versuchten dem Regime eine eigene Legitimität und Akzeptanz zu verschaffen:
  - z.b. Augustus durch Adoption → Nachfolge langfristig regeln
  - Flavier → dynastische Erbfolge
  - Adoptivkaiser → Adoption + Auswahl der Besten
  - Severer → Grundsatz der Erbfolge + Vorstellungen von besonders mächtigem Gott
- Nach Ermordung des letzten Severers → drohte Römisches Reich im Chaos zu versinken
- Kriege im Inneren + außenpolitische Bedrohung an Grenzen:
  - Im Norden germanische Stämme → besetzten Teile des Reiches
  - Perserreich → strebte Weltherrschaft an
- Versuche, Situation im Inneren zu stabilisieren, waren auf Religion gestützt:
  - Christen wurden verfolgt
  - Aurelian stiftete enge kultische Verbindung mit mächtigem Gott

1.5 Spätantike

- Offizier Diolektian (284 n. Chr.):
  - versuchte Reich zu stabilisieren durch Disziplin & Zwang und Christenverfolgung
  - entwickelte das System der Tetrarchie: zwei Ober- und zwei Unterkaisern (Augusti und Caesares) → hielt eine Zeit lang, bis es wieder zu Kriegen zwischen den verschiedenen Truppenteilen und ihren Feldherren kam → Feldherr Konstantin setzt sich durch → hatte seine Truppen mit Symbol der christlichen Religion ausgestattet
- Konstantin (um 310 n. Chr.): sah in Religion = Stütze für Stabilisierung des Reiches und Legitimierung seiner Herrschaft
  - Förderte Christentum → Vorstellung, dass Kaiser nach Willen Gottes regiert → je mehr sich christliche Religion im Reich ausbreitete, desto intensiver wurde Bindung der Untertanen an Kaiser & Reich
  - Reorganisierte Heer und Reichsverwaltung
  - Gründete Konstantinopel (330 n. Chr.) → im Osten entstand zweites Rom & Zentrum des östlichen Reiches
- Im Inneren blieb Lage stabil vs. außenpolitische Probleme nahmen nicht ab:
  - Konkurrenz persisches Reich
  - Unruhe germanischer Stämme → Druck auf Nordgrenze

- Bei Niederlage gegen Westgoten bei Adrianopel (378 n. Chr.) → Ansiedlung von Germanen im Reich → Germanen gelangten in Heeresdienst und hohe Offiziersränge
- Nach dem Tod Kaisers Theodosius I. → wurde Herrschaft zwischen seinen Söhnen Arcadius (Osten) und Honorius (Westen) geteilt (395 n. Chr.) → Weströmisches Reich brach unter Germanenangriffen zusammen (476 n. Chr.)
- Ostteil mit der Hauptstadt Konstantinopel wurde Tradition des Reiches bewahrt → Kaiser Justinian (527-565 n. Chr.) → Bewohner nannten sich Römer → Römisches Reich wurde griechisch → Reich von Byzanz bis 1453 n. Chr.

2. STAAT UND GESELLSCHAFT

- Fast 6 Jh. (von Anfang 2. Jh. v. Chr. bis Ende 4. Jh. n. Chr.) beherrschten Römer gesamten Mittelmeerraum und andere Teile der Welt
- Römische Herrschaft überdauerte im Westen bis 476 n. Chr. & im Osten bis 1435
- Grund für dauerhafte Vormachtstellung (lt. Historiker Polybios):
  o Besonderer Charakter des röm. Staatswesens
  o Eigenart der röm. Gesellschaft

2.1. Anfänge und Grundlagen: die Königszeit

Die Römer und die Völker Italiens

- Vorfahren des römischen Volkes gehörten zu indoeuropäischen Einwanderern (zw. 1200 und 900 v. Chr.) die vom Norden her kamen
- Im Zuge der Wanderungsbewegungen waren Latino-Falisker als eine der frühesten Gruppen nach Italien gelangt und sich am Tiber niedergelassen
- Ihnen folgten Italiker, die sich in Bergregionen der Apenninen bis Süditalien ansiedelten
- Italiker zwar mit Latino-Faliskern verwandt, unterschieden sich aber in Sprache & Kultur
- Veneter (= indogermanische Einwanderer) drangen von Osten her nach Italien ein und ließen sich im Norden nieder
- Illyrische Stammesgruppen (Daunier, Peuktier, Messapier, Sallentiner) setzten sich in Küstenebenen fest
- Etrusker (Herkunft unbekannt) bei heutiger Toskana → weiteten im 7. & 6. Jh. v. Chr. ihren Machtbereich im Norden & Süden aus → auch Rom & Latium gerieten unter etruskischen Einfluss → betrieben Seehandel, oft mit Piraterie → hatten reiche Bodenschätze → wurden im 5. Jh. v. Chr. im Süden von Griechen & im Norden von Kelten verdrängt
- Griechen beeinflussten politische und kulturelle Entwicklung Roms nachhaltig → Siedler gründeten Städte an Küsten Unteritaliens und Siziliens
- Stadtstaatliche Organisation der Griechen und der Etrusker = Vorbild für die Gründung des römischen Staates

Gründung Roms

- Unterscheidung zwischen zwei Ereignissen notwendig:
  o Erste Anfänge der Siedlungstätigkeit der Latiner am Tiber
  o Eigentliche Begründung eines eigenständigen und unabhängigen römischen Staatswesen
- aber: Gründungssage fasst diese Ereignisse zusammen und verlegt es in 8. Jh. v. Chr. (Besiedelung und Stadtgründung)
- seit 10. Jh. v. Chr. ließen sich Latiner auf Palatin & anderen Hügeln nieder = Bauern mit Ackerbau und Viehzucht; lebten in kleinen Streusiedlungen; zu Verband zusammengeschlossen, an dessen Spitze König stand = *rex*
- An Wende 7. zum 6. Jhd. V. Chr. → Ausbildung eines städtischen, aber weiter vom König beherrschten Gemeinwesens (durch Einfluss der Etrusker) → Stadtname Roma = etruskisch
- Stadtwerdung Roms durch umfangreiche städtebauliche Maßnahmen gekennzeichnet
- Ausbau städtischer Infrastruktur wurde von Neugestaltung der staatlichen & gesellschaftlichen Ordnung begleitet
- Handlungsort politischen Lebens wurde die Stadt, die durch Pomerium nach außen hin abgegrenzt wurde

- Innerhalb des Bezirkes herrschte Frieden & Sicherheit → durch heimische Götter & staatliche Organe verbürgt

Die politische & gesellschaftliche Organisation

- römisches Königtum geht auf voretruskische Zeit zurück
- hatte ursprünglich Charakter eines Heereskönigtums mit sakralen Funktionen
- Dem König stand Ältestenrat (= Senat) zur Seite, an dessen Zustimmung er bei Entscheidungen gebunden war
- während etruskischer Vorherrschaft wurde Stellung des Königs gestärkt
- König = unumschränkte herrscherliche Gewalt
- Herrschaftszeichen des Königs: von 12 Amtsdienern (Liktoren) wurden dem König Rutenbündel (= *fasces*) vorangetragen, Purpurgewand & Goldkranz, bei offiziellen Anlässen saß er auf Elfenbeinthron
- Unterteilung der gesamten Bürgerschaft Roms in 30 Kurien (= Männerverband) → bildeten Grundeinheiten nach denen in Volksversammlung abgestimmt wurde → verfügten über eigene Magistrate & Kulte
- 10 Kurien wurden zu einem Tribus zusammengefasst → organisatorische Straffung des Bürgerverbandes
- bis heute unklar, nach welchen Gesichtspunkten Bürger den Kurien zugeordnet wurden
- schon in etruskischer Zeit Einteilung des römischen Stadtgebietes in vier Bezirke, die auch Tribus hießen → Zahl der Tribus wurde in Zeit der Republik erweitert und sie bildeten dann Grundeinheiten der Volksversammlung (= *comitia tributa*)

Die gesellschaftliche Ordnung

- Grundlage der Sozialordnung war *familia* (umfasste auch verheiratete Söhne mit Frauen und Kindern und auch deren Kinder, Adoptivsöhne, Sklaven und Vermögen), an deren Spitze der Hausvater = *pater familias* stand, der uneingeschränkte Gewalt über *familia* besaß → konnte Strafen verhängen über Angehörige, verfügte über Vermögen, konnte Neugeborene aussetzen und Kinder verkaufen oder verpfänden, unterlag aber auch Sittenaufsicht der Zensoren und konnte für Missbrauch zur Rechenschaft gezogen werden
- *familia* = Rechtsverband und Vermögensgemeinschaft, sakrale Einheit durch gemeinsamen Kult der Hausgötter und Verehrung der Verstorbenen
- in *familia* war allein die Verwandtschaft väterlicherseits maßgebend
- innerhalb der Familie kamen auch Rechte der Frauen und der Verwandten der weiblichen Linie (= *cognati*) zum Tragen

Die Stellung der Frau

- Frau = Ausschluss von sämtlichen politischen Mitwirkungsrechten
- Stellung der Frau unterschiedlich ausgeprägt und hing vom rechtlichen & sozialen Status ab
- Frau aus Senatoren- oder Ritterstand genügte anderen gesellschaftlichen Erwartungen als Römerin aus den unteren Schichten
- In einzelnen Teilen des Reiches war soziales Umfeld, in dem sich Frau zu bewegen hatte, uneinheitlich
- Eheschließung und Ehescheidung kam lediglich aufgrund bloßer Willensbekundung zwischen Mann & Frau zustande (Hauptgrund für Scheidung war Kinderlosigkeit und politische Gründe) → Lediglich Fragen der Mitgift & des Vermögens wurden vertraglich geregelt
- 3 Arten der Eheschließung:
  - *Confarreatio* = feierlichste Form v.a. bei Patriziern
  - *Coemptio* = Scheinverkauf der Frau

- o *Usus* = ohne Zeremonie & durch einjähriges ununterbrochenes Zusammenleben
- Frau konnte sich Rechtsgewalt des Mannes entziehen, indem sie drei aufeinanderfolgende Nächte außerhalb des Hauses verbrachte
- Später gab es Hochzeitszeremonie mit Verlobung
- Für Frau galt es erstrebenswert nur einmal zu heiraten
- Anfangs war Römerin nicht mehr der *patria potestas*, sondern der Gewalt des Ehemannes unterstellt, der auch ihr Vermögen verwaltete → später (3. Jh. v. Chr.) konnte die Ehefrau oder auch der *pater familias* durch Ehevertrag über ihr Vermögen verwalten
- In Folgezeit erlangte Frau im Bereich des öffentlichen & privaten Rechts fast vollständige Gleichstellung mit Mann → konnte sich durch Akt der *emancipatio* aus der *patria potestas* lösen und zu einer Person *sui iuris* werden
- Im politischen & gesellschaftlichen Bereich keine entsprechende rechtliche Gleichstellung der Frau
- Keine Trennung der Wohnbereiche zw. Männern & Frauen
- Besuchten gemeinschaftlich mit Männern Bäder, Theater & Zirkus
- Beruf: Ärztinnen, Hebammen, Ammen, Erzieherinnen, Friseusen, Textilarbeiterinnen → Tätigkeit als Sängerin, Schauspielerin, Kellnerin = unehrenhaft
- Frauen aus angesehenen Familien waren Unternehmerinnen, Grundstücksspekulantinnen oder Priesterinnen, meistens aber nicht Berufstätig

Die Patrizier (= *patricii*)

- = führende Familien; schlossen sich zu größeren Adelsgeschlechtern = *gentes* zusammen
- Dieser Adel erfuhr entscheidende Stärkung durch Einführung einer neuen Reiterkampftaktik in der etruskischen Königszeit
- Nur reiche Patrizier (ihnen gehörte der größte Teil des Bodens) konnten Reiterei stellen, da die Reiter für die Pferde und die Ausrüstung selber aufkommen mussten
- erlangten soziale und politische Führungsrolle, da sie Hauptlast der Stadtverteidigung und Kriegsführung trugen
- Einführung starker Standesabzeichen & eigener Tracht brachte herausgehobene Stellung zum Ausdruck & festigte Zusammenhalt innerhalb des Patriziats
- Bedeutung der Zugehörigkeit zu einer gens spiegelt sich auch in Namensgebung wieder → dreigliedriges Namenssystem (anders als bei indogermanischen Völkern mit Individualnamen aus 2 Wortstämmen):
  - o Vorname (= *praenomen*)   Marcus
  - o Name der gens (= *nomen gentile*)   Tullius
  - o Beiname (= *cognomen*)   Cicero
- Dem Gentilnomen konnte noch die Abstammung väterlicherseits und auch die Zugehörigkeit zu einer Tribus (Stimmbezirk) angefügt werden → Marcus Tullius Marci nepos Marci pronepos Cornelia Cicero = M. Tullius, Sohn des M., Enkel des M., aus der Tribus Cornelia, Cicero
- Sklaven trugen nur einen Individualnamen, dem (im Genitiv) das *nomen gentile* und meist auch das *praenomen* des Herrn beigefügt wurden → Apollonius Aureli Lucii s(ervus)
- Namen der Freigelassenen bestanden aus dem *nomen gentile* und später auch dem *praenomen* des Freilassers im Genitiv mit dem Zusatz libertus → Aulus Fabius Auli l(ibertus)

Die Klienten

- gehörten auch zu Adelsgeschlechtern, also zu adligen *gentes*
- waren ursprünglich ärmere Bauern & Pächter, fremde Zuwanderer & Freigelassene

- begaben sich in festes Abhängigkeitsverhältnis, unter Schutz eines mächtigen Patrons →
  Sicherstellung wirtschaftlicher, sozialer & rechtlicher Lage
- Klientelverhältnis wurde i. d. R. vererbt
- Klient war seinem *patronus* zur Gefolgschaft verpflichtet & hatte ihn militärisch &
  politisch zu unterstützen
- *Patronus* musste Klienten in Notlagen Schutz & Hilfe gewähren & dessen Interessen vor
  Gericht verteidigen
- → Klientel war Treueverhältnis auf Gegenseitigkeit = *in fide esse*

Die Plebejer
- waren scharf getrennt von Patriziern & Klientel
- lange Zeit sogar Eheverbot zw. Patriziern & Plebejern
- bestand aus Besitzlosen, teilweise auch wohlhabenden Bauern, Händlern und
  Handwerkern, fremde, nach Rom zugezogenen Adelsgeschlechter
- bildeten weder sozial noch wirtschaftlich einheitliche Gruppe
- reichere plebejische Familien schlossen sich ebenfalls zu *gentes* zusammen
- Ausschluss von jeglicher Beteiligung an Politik

2.2 Die Republik

Der Sturz des Königtums und die Ständekämpfe

- Beseitigung Königtum wird auf 509 v. Chr. datiert → Vertreibung des letzten Königs
  Tarquinius Superbus erfolgte aber erst später, als etruskische Vormacht zusammenbrach
  → Chance für Römer sich der Bevormundung der Etrusker zu entziehen
- militärische, rechtliche und kultische Befugnisse des Königs gelangten nun in Hände des
  patrizischen Adels
- verschiedene Kompetenzen wurden durch Patrizier nun auf mehrere Ämter verteilt
- Patrizier besetzten diese Ämter
- Sakrale Aufgaben wurden jedoch Opferkönig und Priestern überlassen
- Plebejer blieben von Ämtern und Zugang zum Senat ausgeschlossen
- Lage der Plebejer verschlechterte sich durch Landnot, Verschuldung &
  Schuldknechtschaft

Die Ständekämpfe
- Lage zwischen Ständen verschärfte sich → Ständekämpfe
- Plebejer forderten:
  o bessere Lebensbedingungen
  o Erleichterung der Schuldenlast
  o Politisches Mitspracherecht
  o Beteiligung an der Staatsführung
- → Zur Durchsetzung der Interessen schufen Plebejer Staat im Staate:
  o Versammlung der Plebejer = *concilium plebis*
  o setzten eigene Magistrate zur Durchsetzung ihrer Forderungen ein →
    Volkstribunen = tribuni plebis und *Ädilen = aediles plebis* → als Repräsentanten
    der Plebejer
- Kämpfe zogen sich über mehr als 200 Jahre hin → neue gesellschaftliche & staatliche
  Ordnung entstand

11

- neue gesellschaftliche und staatliche Ordnung, die entscheidende Grundlage für Machtstellung Roms bildete
- Beteiligung der Plebejer an Wahl der höchsten Magistrate
- Heeresversammlung wurde als neue Volksversammlung eingerichtet → u.a. für Wahl der Magistrate zuständig
- Schriftliche Aufzeichnung des geltenden Rechts in Zwölftafelgesetzen
- Aufhebung Heiratsverbot Patrizier und Plebejer
- Später: Zugang zu allen patrizischen Ämtern & Zugang zu Priesterämtern
- Abschluss der Ständekämpfe durch *lex Hortensia* (287 v. Chr.) → rechtliche Gleichstellung der Entscheidungen der Plebejer mit denen des Gesamtvolkes
- 326 v. Chr. wurde Schuldknechtschaft verboten → dennoch war Schuldenproblem nicht gelöst

- Zahl plebejischer Inhaber der Konsulats nahm allmählich zu
- höhere Staatsämter und Volkstribunat eröffneten Plebejern Zugang zum Senat
- immer mehr Konsuln aus Reihen der Plebejer → an Stelle des alten patrizischen Geburtsadels trat nun ein patrizisch-plebejischer Amtsadel, dessen Kern aus einflussreichen konsularischen Familien = *nobiles* bestand
- enger Zusammenhalt dieser Nobilität erschwerte Zugang zur Führungsschicht für andere
- wem es trotzdem gelang in diesen Kreis aufzusteigen wurde als *homo novus* bezeichnet (Bsp. Cato, Cicero)
- Zugehörigkeit zur Nobilität musste stets durch erfolgreiche Tätigkeit in der Politik unter Beweis gestellt werden

Die drei Säulen des Staatswesens

a) Die Magistratur = Beamtentum

- Römische Magistratur bildete sich durch Ständekämpfe heraus
- Anzahl der Ämter wurde stets klein & überschaubar gehalten → Nobilität konnte so auf einzelne Beamte einwirken & Einfluss auf Lenkung des Staates sicherstellen
- Machtbefugnisse einzelner Beamter waren überaus groß
- Ämter waren unbesoldete Ehrenämter = *honores*
- Beamte verfügten über keinen größeren staatlichen Verwaltungsapparat
- Was Beamte an Hilfspersonal benötigten, stellten sie aus Kreis der eigenen Sklaven & Freigelassenen
- Nur für besondere Aufgaben standen den B. Dienstkräfte = *apparitores* zur Seite, die vom Staat bezahlt wurden & deren Amtszeit zeitlich unbegrenzt war → daher einzig dauerhaftes Element der röm. Verw.
- *Apparitores* =
  - o Schreiber = *scribae*
  - o Herolden = *praecones*
  - o Boten = *viatores*
  - o Liktoren = *lictores*
- Anzahl der Liktoren richtete sich nach Rang des Beamten (z.B. Konsul: 12; Prätor: 6)
- Römische Beamte höheren Rangs hießen = *magistratus* oder *magistri* = waren Repräsentanten und Inhaber staatlicher Gewalt
- neben Senat und Volksversammlung wichtigste Säule des Staatswesens

- Beamte konnten während Amtszeit weder zur Verantwortung noch abgesetzt werden → erst nach Beendigung der Amtszeit waren sie rechenschaftspflichtig
- Höchste Beamte (Konsuln & Pätoren) verfügten über unumschränkte Amts- und Befehlsgewalt = *imperium*
  - Kriegsführung
  - Öffentliches Leben
  - Militärische & rechtliche Vollmachten
  - Gewisse religiöse Befugnisse
  - → Keine Trennung zwischen zivilen & militärischen Aufgaben
- später wurden Zuständigkeiten neuen, niederen Beamten ohne *imperium* (Ädilen, Quästoren) übertragen
- Herausbildung nach Rängen gegliederter Beamtenschaft
- Rangunterschiede durch Amtsinsignien kenntlich gemacht (Anzahl der Liktoren, elfenbeinerner Amtssitz, Toga mit Purpursaum)
- Weisungsbefugnis von Oben nach Unten

Ämter- und Machtkontrolle

- Übernahme der Ämter erfolgte nach Grundsätzen, die Machtmissbrauch ausschließen sollten
  - Interzessions- (→ Schutz vor Amtsmissbrauch und Zwang zur Einigung zw. Kollegen) & Verbietungsrecht
  - Zeitliche Begrenzung der Amtszeit aller Magistrate auf ein Jahr → Annuität (Ausnahme: Zensoren & Diktator konnten bis zu 18 Monaten amtieren)
    - Amtsjahr verschiedener Beamter deckte sich zeitlich nicht immer
    - Namen der höchsten Beamten des jeweiligen Jahres wurden seit dem 3. Jh. v. Chr. von den *pontifices* in einer Liste = *fasti consulares* festgehalten und dienten zur Jahresangabe, sofern man nicht *ab urbe condita* rechnete
    - Kaiser Augustus ließ *fasti* überarbeiten und auf *forum Romanum* anbringen → Zeichen der Erneuerung des Staates
  - Besetzung jedes Amtes (Ausnahme: Diktatur) durch mind. 2 Beamte mit gleichem Rang & gleicher Amtsgewalt = *collegae* → Prinzip der Kollegialität
  - Verbot, mehrere Ämter gleichzeitig zu bekleiden oder dasselbe Amt mehr als einmal zu übernehmen
  - auch durfte man Amt nicht zeitlich unmittelbar an ein anderes anschließen → *leges annales* legten 2jährige amtslose Zeit zwischen Bekleidung verschiedener höherer Ämter fest & schrieben Mindestalter vor (Quästur: 30; Ädilität: 37; Prätu: 40; Konsulat: 43)
- → grundsätzliche Gewaltenteilung (Legisl., Exekut., Judikat.) gab es in Rom niemals
- → Regelungen führten zur Herausbildung einer festen Ämterlaufbahn = *cursus honorum* → musste jeder durchlaufen, der politische Karriere anstrebte und in höchste Staatsämter aufrücken wollte
  - erste Voraussetzung war 10jährige Bewährung in niederen Ämtern (als Kriegstribun & in Priesterämtern)
  - dann Möglichkeit von Quästur bis Konsulat aufzusteigen (besondere Leistung: wenn Römer in höhere Ämter jeweils *suo anno*, d.h. bereits im vorgeschriebenen Mindestalter, gelangte (Bsp. Cicero sogar als *homo novus*))

Die Konsuln

- Träger der höchsten Staatsgewalt
- Vereinigten alte umfassende Königsgewalt, die durch Prinzip der Machtkontrolle eingeschränkt war

- Machtfülle wurde auch durch bestimmte Einflussnahme des Senats & die Interzessionsmöglichkeit der Volkstribune eingeengt
- Leitung aller Staatsgeschäfte
- Recht auf Einberufung & Leitung des Senats und der Volksversammlung
- Wichtigste Aufgabe: Kriegsführung als militärische Oberbefehlshaber Roms
- Beide Konsuln besaßen in militärischen Angelegenheiten volle Befehlsgewalt = *imperium*
  - Jeder in seinem Einsatzbereich Verantwortung
  - Befanden sich beide bei demselben Heer → täglicher Wechsel im Oberbefehl
- Bei Amtsgeschäften in Rom monatlicher Wechsel
- Bei Tod beider Konsuln während Amtszeit wurde von Senat *interrex* eingesetzt, der Ersatzwahlen abhielt

Der Diktator
- in Zeiten großer Gefahr konnte Prinzip der Kollegialität in oberster Magistratur aufgehoben werden und an Stelle der Konsuln Diktator als Notstandsbeamter mit unumschränkter Gewalt für höchstens 6 Monate eigesetzt werden
- alle übrigen Beamten waren ihm unterstellt
- Ernennung erfolgte durch einen der Konsuln, nachdem Senat Notstand ausgerufen & zu ernennende Person bestimmt hatte
- Diktator ernannte als Hilfsbeamten einen Reiterführer = *magister equitum* → dessen Befehlsgewalt erlosch mit der des Diktators
- Wurden während der zahlreichen Kriege des 3. & 4. Jh. v. Chr. ernannt
- Nach Ende des 2. Punischen Krieges kam Sonderamt außer Gebrauch
- Diente Abwehr äußerer Bedrohungen
- Diktaturen Sullas & Caesars im 1. Jh. v. Chr. nahmen Sonderstellung ein → Überwindung innenpolitischer Krise

Die Prätoren
- Prätur entwickelte sich im Laufe der Ständekämpfe
- Sich mehrende Aufgaben (z.B. Feldzüge) führten dazu, dass die Zahl der mit imperialer Gewalt ausgestatteten Beamten auf drei erhöht wurde & den beiden Konsuln als *collega minor* ein Prätor zur Seite gestellt wurde
- Prätor war im Kriegsfall ständiger Vertreter der Konsuln = *praetor urbanus*
- Prätor war zuständig für Rechtssprechung zwischen Bürgern in Rom
- Durch Zustrom von Nichtbürgern nach Rom (3. Jh. v. Chr.) wurde zweiter Prätor eingesetzt
- Zweiter Prätor regelte Rechtsstreitigkeiten zwischen zw. Bürgern & Fremden und Fremden untereinander = *praetor peregrinus*
- Mit Errichtung erster Provinzen wurden 4 weitere Prätorenstellen mit vollem, auch militärischem *imperium* für die Verwaltung dieser geschaffen
- Aufgaben unter sechs Prätoren durch Los verteilt
- Sulla erhöhte PStellen auf 8 → In Kaiserzeit schwankte Zahl zw. 10 und 18

Ädile
- Von *aedes* = Tempel
- Waren ursprünglich Aufseher der Ceres-Tempels (= kultisches Zentrum der Plebejer) & Hilfsbeamte der Volkstribune
- Während der Ständekämpfe kamen zu zwei plebejischen Ädilen noch zwei kurulische hinzu
- Angesehenere kurulische Ädilität stand auch Patriziern offen
- richterliche Funktionen nur von kurulischen Ä.

- Aufgaben:
  - Herstellung und Wahrung öffentlicher Ordnung der Stadt
  - Marktaufsicht
  - Sicherstellung der Versorgung der städtischen Bevölkerung mit Getreide
  - Ausrichtung öffentlicher Spiele → konnten sich durch Finanzierung aufwendiger Festspiele beim Volk beliebt machen → Werbung für Wahl in höhere Ämter

Quästoren
- Hilfsbeamte der Konsuln seit dem 5. Jh. v. Chr.
- Wurden ursprünglich von Konsuln ernannt & später in Tributkomitien gewählt
- Finanzbeamte mit teilweise militärischen Verwaltungsaufgaben
- Beide *quaeastores urbani* waren v.a. für Verwaltung der Staatskasse zuständig
- In Krieg ziehende Konsuln wurden von jeweils einem Quästor begleitet, der Kriegskasse verwaltete & bei Bedarf Feldherrn vertrat
- Seit 3. Jh. v. Chr. zusätzlich 4 Quästoren für Flotte = *quaestores classici*
- Später waren jedem Statthalter ein Provinzialquästor als Finanzbeamter zugeordnet

Volkstribune
- Zahl wuchs von 2 auf 10 an
- Ursprünglich die vom *concilium plebis* gewählten Interessenvertreter der Plebejer
- Bildeten während der Ständekämpfe die Führungsspitze des Plebejerstaates
- Als solche leiteten sie *concilium plebis*
- Nahmen richterliche Funktionen innerhalb der Plebs wahr
- Schützten Plebejer vor ungerechten Maßnahmen der Magistrate
- Waren unangreifbar, da sie besonderem Schutz der Götter unterstanden
- Nach Ständekämpfen wurde VTr zu regulärer Magistratur mit großen Befugnissen:
  - Vetorecht gegen Amtshandlungen aller Beamten auch Konsuln = *ius intercessionis*
  - Konnte Entscheidungen aller seiner Amtskollegen unterbinden
  - konnte in Ausnahmefällen Senat einberufen
- Entwickelte sich nach Ständekämpfen zu Machtinstrument → Patrizier wechselten sogar in plebejischen Stand, um dort Amt zu bekleiden
- Wurde politisches Kampfinstrument als Gracchen gegen Mehrheit der Nobilität staatliche Reformen durchsetzen wollten
- In Folgezeit Kampfwerkzeug der Popularen & Optimaten
- Seit Augustus waren Machtbefugnisse des VTr. zentrales Element der Rechtsstellung der römischen Kaiser → blieb als politisch entwertetes Amt bis ins 5. Jh. n. Chr. Zwischenstufe zw. Quästur & Prätur

Zensoren
- Von *censere* = schätzen, mustern
- Wurden alle 5 Jahre für Amtszeit von 18 Monaten gewählt → wegen großer Machtbefugnisse i.d.R. nur aus Kreis der Konsuln gewählt
- Nahmen Vermögenseinschätzung der Bürger vor → stellten auf dieser Grundlage die nach Bezirken geordneten Bürgerlisten auf & wiesen Bürger den Zenturien (Hundertschaften) zu (Zenturien bildeten Grundlage der Heeresordnung bildeten Unterteilung der wichtigsten Volksversammlung = *comitia centuriata*)
- Schätzung & Musterung fand auf Marsfeld statt & wurde mit Zeremonie = *Iustrum* abgeschlossen
- Wachten über Einhaltung der Sitten → Einfluss auf Leben einzelner Bürger

- Verstöße gegen Sitten wurden geahndet mit Erhöhung der Steuer, Ermahnungen, Rüge = *nota censoria* mit Versetzung in weniger angesehenen Tribus oder Entfernung aus höchstem Stand
- Seit Ende des 4. Jh. v. Chr. konnten sie – bis Amtszeit Sullas – Senatoren ernennen & abwählen
- Steuerfestlegung → Einfluss auf Staatshaushalt
- Überwachten Staatseinnahmen & brachten sie mit Staatsausgaben in Einklang
- Waren nur Überwachungs- und Ausführungsorgane → Verfügungsgewalt lag bei Konsuln & Senat; Staatskasse bei Quästoren

Die Promagistrate

- Besondere Gruppe als Ergänzung der ordentlichen Magistraturen
- Man ging im 4. Jh. v. Chr. dazu über kriegsführendem Konsul militärische Befehlsgewalt bis zur Beendigung eines Konfliktes zu verlängern
- Wachsenden Aufgaben führten dazu, dass alle Konsuln & Prätoren nach Ablauf des regulären Amtsjahres eine Verlängerung der Amtsgewalt ermöglicht wurde
- → Mit *prorogatio* wurde Amtsgewalt verlängert → Inhaber prorogierter Amtsgewalt = Promagistrate → traten an Stelle eines ordentlichen Magistrats (Bsp. *proconsul*)
- mit Überschreiten des *pomerium* verlor Promagistrat Amtsgewalt

Der Senat

- von *senex* = Ältestenrat,
- zu republikanischer Zeit bedeutendstes Gremium des römischen Staates
- ursprünglich nur Oberhäupter der Patrizier als Mitglieder → Ständekämpfe: auch führende Plebejer → Senat wurde zur zentralen politischen Einrichtung der Nobilität
- Ernennung anfangs durch obersten Magistrat → später durch Zensoren (unter Sulla wurde ihnen dieses Recht wieder entzogen)
- Höchstzahl der Senatoren auf 300, seit Sulla auf 600, seit Caesar auf 900, in Kaiserzeit wieder auf 600 begrenzt
- Mitgliedschaft = lebenslänglich
- Versammlungsort: auf Forum, in Tempeln
- Einberufung und Leitung durch Konsuln, Prätoren oder Volkstribune
- Regeln und Übereinkünfte über Ablauf der Senatssitzung, aber keine gesetzlichen Vorschriften
- Leitung durch Beamten, der Sitzung einberufen hatte
- bestehende Probleme wurden vorgetragen → dann wurde um Meinung anderer Senatoren gebeten → Meinungsäußerung nach Rangordnung → leitender Beamter fasste Ergebnis in Antrag zusammen & ließ darüber abstimmen → Abstimmung erfolgte durch *discessio* = Auseinandertreten in Meinungsgruppen
- Senatsbeschluss = *senatus consultum* war lediglich Empfehlung, nicht rechtsverbindlich
- Zuständigkeiten des Senats waren nicht begrenzt → alles, was zu regulieren war durch Staat
- Aufgaben:
  o Bestimmender Einfluss auf alle Entscheidungen der Volksversammlungen
  o Senat empfing und entsandte Gesandte
  o Beschloss über Verträge mit anderen Staaten & über Krieg & Frieden
  o Grundlegende Vorgaben für Krieg- und Heeresführung (Finanzmittel u.s.w.)
  o Kontrolle der Verwaltung der Provinzen
  o Überwachung der Staatsfinanzen
  o In politischen Krisen → Empfehlung an Konsuln zur Ernennung eins Diktators

Die Volksversammlungen

- männliche erwachsene Bürger als Mitglieder von Abstimmungsgruppen, die nach unterschiedlichen Gesichtspunkten gegliedert waren, nahmen teil (*curiae, centuriae, tribus*)
- drei verschiedene Formen der Volksversammlung = *comitia*
  - *concilium plebis:* nur offen für plebejische Bürger
  - *contiones:* diente Information der Bürger und Vorbereitung der Beschlussfassung der *comitia*
  - *comitia:* Beschlussfassung
- Konsuln & Prätoren oder Volkstribune & plebejische Ädile riefen ein und leiteten VV
- Bei Abstimmungen verfügte jede Kurie, Zenturie oder Tribus über jeweils eine Stimme
- Meinungsbildung nach Mehrheitsprinzip
- Zunächst offene, später geheime Abstimmungen mit Stimmtafeln

Kuriatkomitien (= *comitia curiata*)

- Gliederung der Bürger nach 30 Geschlechterverbänden = *curiae* = Personalverbände
- Offen für alle Bürger
- älteste Form der Volksversammlung
- Klärung familienrechtlicher Angelegenheiten & sakralrechtliche Bestätigung der Amtsgewalt der in den Zenturiatkomitien gewählten höheren Magistrate
- Leitung: Konsul oder Prätor

Zenturiatkomitien (= *comitia centuriata*)

- Waren zur Volksversammlung umgestaltete Heeresordnung der Republik
- Gliederung der Gesamtbürgerschaft nach ursprünglich militärischen Einheiten = *centuriae*: 193 Zenturien (= Vermögenseinheiten), Zusammenfassung in 9 größeren Gruppen
- Grundlage der Ordnung war Eiteilungsprinzip, das Leistungen für den Kriegsdienst & die politischen Rechte der Bürger nach ihrem Vermögen bemaß
- Offen für alle Bürger
- Eingliederung der Bürger erfolgte durch Zensoren
- Reichste Bürger wurden Ritterzenturien zugeteilt; mittlere Klasse: Bürger mit geringem Besitz, (Handwerker & Signalbläser), geteilt in 5 *classis*; unterste Klasse: Handwerker, Musiker, Besitzlose
- Jede Zenturie hatte 1 Stimme, aber große Teile der Bürgerschaft waren von wichtigen Entscheidungen ausgeschlossen, da bereits die obersten Klassen die Mehrheit besaßen
- Aufgaben: Wahl der höheren Magistrate, Kriegserklärungen, Urteile bei Kapitalverbrechen
- Leitung: Konsul oder Prätor

Tributkomitien (= comitia tributa)

- Gliederung der Gesamtbürgerschaft nach lokalen Bezirken = *tribus* = Wohnbezirke, 4 städtische und 31 ländliche Tribus
- Jeder Bürger wurde von Zensoren durch Eintragung in Liste einer Tribus zugewiesen → dokumentierte Rechtsstellung eines Bürgers
- Offen für alle Bürger
- Aufgaben: Wahl niederer Beamter, Abstimmung über verschiedenste Gesetzesvorlagen
- Leitung: Konsul oder Prätor

Die Versammlung der Plebs (= *concilia plebis*)
- Standen nur Plebejern offen
- Geordnet in 35 *tribus*
- Aufgaben: gesetzgebende Versammlung für Gesamtstaat
- Leitung: Volkstribun oder plebejischer Ädil

Staatstheorie und politische Praxis
- Besonderes Kennzeichen des Staates Rom war Zusammenwirken von Magistratur, Senat & Gesamtbürgerschaft → gemischte Verfassung → Monarchie in Magistratur, Aristokratie im Senat, Demokratie in Volksversammlung
- Jedoch überwog politischer Einfluss der Nobilität / Aristokratie

Die rechtlichen und sozialen Verhältnisse

Das Bürgerrecht
- Besitz des römischen Bürgerrechts = Voraussetzung für Zugehörigkeit zum *populus Romanus*
- Erwerb: durch Geburt aus gültiger Ehe eines freien Römers mit freier Römerin, durch Verleihung, teilweise durch Freilassung aus Sklaverei
- Unterscheidung im röm. Bürgerrecht zwischen:
  - persönlichen Rechten: Recht zur Eheschließung mit freiem Römer / freier Römerin = *ius conubii*; Recht, private Rechtsgeschäfte zu tätigen = *ius commercii, ius provocationis* → hier weitgehende Gleichstellung der Frauen mit Männern
  - politischen Rechten: aktives und passives Wahlrecht (jedoch nicht für Frauen) → Strafe: Entzug politisches Recht
- freie Bürger fremder Staaten konnten keine Rechte wahrnehmen → dazu bedurfte es Patron → *praetor peregrinus* war für ihre Rechtsbeziehungen zu Römern zuständig
- römisches Bürgerrecht war lange Zeit exklusiv & auf engen Personenkreis beschränkt

Senatoren- und Ritterstand
- Die Schicht der reichsten Bürger mit Zensus *equites* entwickelte sich in 2 Gruppen → Senatorenstand = *ordo senatorius* & Ritterstand = *ordo equester*
- kleine Schicht sehr reicher Bürger, mit Anrecht auf Ehrensitze im Theater und bei Festspielen
- Standeszugehörigkeit wurde nach außen zur Schau gestellt: Purpurstreifen an Toga, rote Schuhe, goldener Ring

Sklaven und Freigelassene
- Sklaven:
  - Bevölkerungsgruppe außerhalb des Bürgerverbandes
  - Rechtsstellung als Unfreie
  - Keine eigenständige Rechtsfähigkeit & Verfügungsgewalt ihrer Herren auf Leben und Tod unterworfen
  - galten nicht als Menschen, sondern als Sache = *res*
  - in Sklaverei gerieten zahlungsunfähige Schuldner & Kriegsgefangene, deren Kinder auch als Sklaven geboren wurden
  - blühender Sklavenhandel in beiden letzten Jh. der Republik
  - 1/3 der röm. Stadtbevölkerung waren Sklaven
  - Einbindung der Sklaven in Familie bot Sicherheit
  - Schutz durch Herrn, um Arbeitskraft der Sklaven zu erhalten

- Arbeit in Bergwerken, Amphitheatern als Gladiatoren, als Ackersklaven & Viehhirten vs. Arbeit als Verwalter, Ärzte, Architekten, Erzieher, Schreiber oder im Staatsdienst (Sklaven mit besonderen Kenntnissen → konnten sich freikaufen)

- Freigelassene:
  - Freilassung als Lohn für treue Dienste, durch Freikauf oder aus wirtschaftlichen Gründen
  - Durch Freilassung wurde man römischer Bürger mit rechtlichen Einschränkungen → von politischen Rechten ausgeschlossen & stand unter Patronat seines Herren → kam auch in Namensgebung zum Ausdruck
  - Waren trotzdem weiterhin dem Freilasser zu Ehrerbietung& Gehorsam sowie Deinstleistungen verpflichtet

Expansion, Krise und Untergang der Republik

Der römische Herrschaftsbereich

- Aufstieg der Römer zur Weltmacht erfolgte in sehr kurzer Zeit
- Ende 1. Punischer Krieg erstmals Ausdehnung der Herrschaft über Italien hinaus auf Sizilien, Sardinien und Korsika
- 100 Jahre später erstreckte sich Macht über gesamten Mittelmeerraum
- in früher Kaiserzeit reichte *imperium Romanum* von Britannien bis zum Roten Meer und von Portugal bis Euphrat und Schwarzes Meer
- Erweiterung des Herrschaftsbereiches löste Probleme aus:
  - römisches Staatswesen war auf Kleinräumigkeit und Überschaubarkeit angelegt
  - neue Formen der politischen Integration der Unterworfenen mussten entwickelt werden
  - so entstand in Italien römisches Wehrgenossensystem → eroberte Gebiete wurden auf unterschiedliche Weise mit Rom verbunden → einige erhielten römisches Bürgerrecht, andere nur latinisches Bürgerrecht
- Territorien außerhalb Italiens wurden röm. Statthaltern unterstellt → Aufgabe: militärische Sicherung, Aufrechterhaltung der Ordnung, Erhebung von Steuern und Abgaben → während röm. Republik wollten viele Statthalter werden, um sich zu bereichern an Provinzen durch Ausbeutung durch Wuchergeschäfte & Erpressung
- Gab auch Regionen (Orient & Kleinasien), über die Rom keine direkte Herrschaft ausüben konnte, die jedoch zum Einflussbereich Roms gehörten → hier wurden Freundschaften (informell & vertraglich) geschlossen

Krise und Untergang der römischen Republik

- Rückwirkungen der Expansion auf wirtschaftliche, soziale und innenpolitische Verhältnisse → Veränderungen in Staat & Gesellschaft → Untergang der Republik
- Republik ging an eigener Größe zugrunde
- Kluft zwischen Arm und Reich vertiefte sich
- Von außenpolitischen Erfolgen Roms profitierten wohlhabende Senatoren und Ritter: durch Ausbeutung der Provinzen → Ansammlung von Reichtümern, Kauf von Ländereien, Entstehung großer Besitztümer
- Bauern mit kleinerem Besitz waren davon hart getroffen: Landbesitz wurde immer kleiner durch Erbteilungen, Verschuldung und Verkauf von Besitz, Umzug nach Rom und leben in ärmsten Verhältnissen
- Heer: Niedergang traditioneller Militärordnung, da Bauern nicht mehr Kosten für Kriegsdienst tragen konnten (→ Heeresreform des Marius → eröffnete *proletarii* Zugang zu Heer)
- Krise des politischen Systems: Zusammenbruch der Nobilität und Spaltung in Optimaten (Festhalten an alter Ordnung) und Popularen (Anzweifelung der Senatsherrschaft)
- Ermordung Tiberius und Gaius Gracchus → Folge: Bürgerkriege in folgenden 100 Jahren

- Durch Proskriptionen wurden politische Gegner für vogelfrei erklärt, Schlägertrupps terrorisierten Bevölkerung & Truppen marschierten gegen Rom → politische Verhältnisse wurden nt. stabilisiert
- Außenpolitische Belastungen, Römer blieben in zahlreiche Kriege verwickelt → zehrte an Kräften der Republik
- Statthalter waren mit zur Verfügung stehenden Mitteln überfordert & Konsuln konnten nur noch wenig ausrichten → außenpolitische Aufgaben wurden vom Staat auf einzelne Personen mit außerordentlichen Vollmachten übertragen → staatliche Ordnung wurde aus Angeln gehoben durch hohe Verfügungsgewalt dieser
- auch Zusammenschlüsse aus Machtinteresse 1. Triumvirat (Pompeius, Crassus, Caesar) 60 v. Chr. konnten Untergang nicht abwenden
- staatliche Einrichtungen wurden ihrer Funktionen beraubt
- Tod Caesars → Neffe und Adoptivsohn C. Octavius später *Augustus* gewann Kämpfe gegen Caesarmörder & Marcus Antonius

2.3 Die Kaiserzeit

Die Grundlagen der Prinzipatsherrschaft

- 27. v. Chr. scheinbare Wiederherstellung der Republik durch Niederlegung aller außerordentlichen Gewalten durch Octavian, dabei erhält er Alleinherrschaft und wendet sich von Republik ab → Octavian neuer Herrscher → Prinzipatsherrschaft
- Im Gegenzug zum Verzicht auf Machtbefugnisse wurde O. ein auf 10 Jahre befristetes *imperium proconsulare* verliehen (wurde immer wieder velängert)
- Als Augustus auf Konsulat verzichtete (23. V. Chr.) wurde ihm ersatzweise die Amtsgewalt = *tribunica potestas* eines Volkstribuns auf Lebenszeit übertragen → Beherrschung der Magistratur, des Senats & der Volksversammlungen
- *Imperium proconsulare* von Augustus wurde auf alle Provinzen ausgedehnt
- → Augustus verfügte über Amtsgewalt und uneingeschränkte Rechte im Bereich der Gesetzgebung, Verwaltung & des Militärs
- Wahlrechte der Volksversammlungen verloren an Bedeutung & Beschlüsse des Senats erhielten faktisch Gesetzeskraft & Beschlüsse des Kaisers wurden rechtsverbindlich
- Kaisergericht als entscheidende Instanz in Rechtssprechung
- Senat wurden Kompetenzbereiche entzogen
- Außenpolitik & Finanzverwaltung gingen ganz in die Hand des Kaisers
- Verwaltung der Provinzen unterlag Kaiser
- Senatoren als Beamte im kaiserlichen Dienst

Die Neuordnung der Reichsverwaltung

- Unter Augustus begann Aufbau einer Zentralverwaltung
- Kaiserliche Administration zog immer mehr Befugnisse an sich (außer Militär- & Provinzverwaltung)
- Neben Privatkasse des Kaisers trat eine *fiscus* genannte Kasse über die alle Einnahmen & Ausgaben abgerechnet wurden
- Münzrecht des Senats wurde durch kaiserliches ergänzt
- republikanische Magistratur bestand zwar weiterhin, verlor aber ihre funktionale Bedeutung

Die gesellschaftlichen Grundlagen

- Senatoren und Ritter bildeten weiterhin politische Führungsschicht, auf deren Unterstützung und Mitarbeit Kaiser angewiesen war
- Augustus hatte diese in zwei Stände getrennt = *ordines* zusammen & mit Privilegien ausgestattet → Abgrenzung von Ober- und Unterschicht → spiegelte sich in Strafrecht wider
- Auch reiche Freigelassene gehörten zur Oberschicht
- Unterschichten bekamen Getreidespenden, Speisungen, Geschenke und Spiele
- Kaiser mussten sich Loyalität der Soldaten immer wieder neu erkaufen → Armee später Faktor für Zerfall der kaiserlichen Zentralgewalt

Die politischen & gesellschaftlichen Veränderungen in der Spätantike

- bis ins 3. Jh. n. Chr. wurde innere Stabilität und äußere Sicherheit durch römische Herrschaft weitgehend gewahrt, dennoch:
- Reichskrise:→ wachsender Druck auf Reichsgrenzen → schwere Machtkonflikte im Inneren → rapide Verschlechterung der wirtschaftlichen Lage
- Reformen folgten: → Umstrukturierung Heeresorganisation → neues Steuer- und Abgabensystem → Reformierung Währungssystem → Neuordnung und Dezentralisierung Reichsverwaltung
- Folgen:
  - Mehrkaisertum
  - zunehmende Verarmung Oberschicht in Städten
  - reiche Großgrundbesitzer entstanden außerhalb der Städte
  - Ausbreitung Christentum
  - Aufteilung in Ost- und Westreich

3. RELIGION

- Römische Religion war vorwiegend Kultausübung = Erfüllung göttlicher Weisungen
- Cicero definierte *religio* als *cultus deorum* und gab somit ideologische Begründung für römische Herrschaft über bewohnten Erdkreis
- *pietas* = innere Kraft, die Menschen zur Erfüllung seiner Verpflichtungen gegenüber Göttern, Eltern, Angehörigen, Gemeinwesen drängt
- Religion beinhaltet Opferungen → Verherrlichung einer Gottheit & damit Wirkungskraft der Gottheit erhöhen
- erst durch Einfluss der Etrusker und Griechen wurden Kultbilder aufgestellt, die Götter im menschlichen Erscheinungsbild darstellten
- bäuerliche Kulte der Frühzeit → Natur prägte Götterbild (*Vesta = Göttin über Herdfeuer; Maia = Göttin des Wachstums*)
- römische Staatskulte → *Mars = Kriegsgott; Juppiter = Himmelsgott, Wettergott*

Römische Staatskulte

- Nicht unter Vegetationsgottheit zählt *Mars* = Gott des Krieges, zuständig für Schutz der Felder & Fluren des Staatsgebietes → ursprünglich als Kriegsgott der latinischen Siedlung auf Palatin verehrt → hatte Entsprechung in *Quirinus* = Kriegsgott der sabinischen Siedlung auf Quirinal
- Als Priesterschaften sind bis in die Kaiserzeit die *Salii Palatini* für *Mars*, die *Salii Collini* für *Quirinus* bezeugt
- *Ianus* = jüngeren Ursprungs = Gott des (Durch-) Schreitens, öffentliche Durchgänge & Stadttore waren ihm heilig, verkörperte Krieg & Frieden
  - → wurde auf Münzen des 3. Jh. v. Chr. dargestellt mit Doppelgesicht: blickte nach innen in Bereich der Stadt & nach außen auf feindliches Gebiet → enger Zusammenhang mit Stadtwerdung Roms
  - Standort des doppeltorigen Ianus-Heiligtums: in Nachbarschaft zum *comitium* (Versammlungsplatz) und über dem *Argiletum*
  - Ianus überlagerte wohl die älteren Kriegsgottheiten Mars & Quirinus und bildete mit ihnen Dreiergruppe
  - Wurde in Gebetsformeln als Erster noch vor Juppiter angerufen
  - Monat Januar wurde nach ihm benannt
- *Iuppiter* = italische Gottheit des lichten Himmels löste Ianus in Vorrangstellung ab, da seine Funktionen umfassender waren
  - Ihm waren Tage des Vollmondes heilig → da in Nächten himmlisches Licht nicht erlosch
  - War Urheber der Erscheinungsformen des Himmels, Wettergott, beherrschte Erde & Meere
  - Schleuderte als *Iuppiter Feretrius* Blitze & lenkte Schlachten
  - Dem feindlichen Feldherrn abgenommene Rüstung & Waffe wurden ihm als wertvolle Beutestücke geweiht
  - Verlieh dem Heer als *Iuppiter Stator* Standhaftigkeit, als *Victor* den Sieg
  - Schützte als *Iuppiter Terminus* die Grenzen & das Recht
  - Erhielt Beinamen *Optimus Maximus* als Schutzgott *der res publica*
  - Sein Tempel auf Kapitol galt als Inbegriff für Bestand des *imperium Romanum*
  - Tempel wurde als Dreizellentempel für *Iuppiter Optimus Maximus* inmitten der weiblichen Gottheiten *Iuno* und *Minerva* konzipiert → Götterdreiheit = Kapitolinische Trias
- Dreiergruppe *Iuppiter-Mars-Quirinus* wurde an unterschiedlichen Plätzen (*Capitolium-Campus Martius – Quirinalis*) verehrt

- *Iuno* = römisch-latinische Gottheit, Beschützerin der Frau v.a. bei Eheschließung & Geburt
    - o Wurde unter griechischem Einfluss der *Hera* angeglichen
    - o Wurde als königliche Gemahlin des Göttervaters *Zeus* dem *Iuppiter* als *Iuno Regina* zur Seite gestellt
    - o Ihr waren die *Kalendae* (erste Tage eines Monats) heilig als Beginn des zunehmenden Mondes
- *Minerva* = sabinischer Herkunft, = fürsorgliche Göttin
    - o Besaß Tempel auf Aventin
    - o Übte als Schützerin der Stadt eine der griechischen *Athena Polias* entsprechende Funktion aus

4. LITERATUR

4.1. Die Entwicklung bis in die Spätzeit der Republik

Das Vorbild der Griechen

- europäische Literatur beginnt mit Dichtung Homers (lebte in 2. Hälfte des 8. Jh. v. Chr. & war Schöpfer der Epen *Ilias* und *Odyssee*: Irrfahrten und Heimkehr des Odysseus nach Ithaka)
- in Rom hingegen genoss Dichtung lange Zeit kein hohes Ansehen → Römer waren seit Gründung der Stadt 5 Jh. ohne Dichtung oder andere Literatur
- erste Verschriftlichungen: Gebetssprüche = *carmina*; Zwölftafelgesetze; Jahresaufzeichnungen der Priester = *annales* → jedoch keine literarische Leistung
- Herausforderung für Römer bei Eroberung des griechischen Unteritaliens und Sizilien
  o Römische Familien wollten nun griechisch-hellenistischen Kultur nutzen
- Aneignung und Verarbeitung der griechischen Literatur erfolgte in Schüben
  o Übersetzung & leichte Bearbeitung
  o Eingriff in Vorlagen z.B. mit röm. Kolorit
  o Nutzung als Vorbild für neue Werke
- Seit Beginn der Kaiserzeit sah man nicht mehr Griechen, sondern röm. Schriftsteller als Vorbilder

Die ersten Versuche

a) Epos und Drama

Die ersten Versuche in Rom

- Livius Andronicus (284-204 v. Chr.):
  o Übersetzung der *Odyssee* Homers ins Lateinische
  o hatte zur Folge, dass zunehmend stärker werdende Trennung des Lateinischen in Schrift- und Volkssprache erfolgte
  o erste Aufführung eines griechischen Bühnenstücks in lateinischer Sprache
- Cn. Naevius (270-204 v.Chr.):
  o Dichtungen
  o übertrug griechische Theaterstücke, vor allem Komödien und auch Tragödien ins Lateinische und passte sie römischen Verhältnissen an
  o begründete historisches Epos & Schauspiel in Rom
  o Epos: *Bellum Poenicum* (Geschichte des punischen Krieges, verknüpft mit Irrfahrten des Aeneas & der Gründung Roms)

Plautus

- T. Maccius Plautus (250-184 v. Chr.)
- fand mit seinen Komödien großen Anklang bei Publikum
- erste Werke der röm. Literatur, die in spätere europ. Literatur fortwirkten
- passte Motive und Charaktere der griechischen Stücke den römischen Verhältnissen an
- brachte Flötenspiel und Lieder mit ein (Lustspiele glichen komischer Oper & Musical)
- Werke: *Amphitruo* (Tragikomödie & Parodie auf griech. Mythos), *Aulularia* (Goldtopf des Geizhalses)
- großer Einfluss auf Terenz und Dichter des Mittelalters und der Neuzeit

Ennius

- Q. Ennius (239-169 v. Chr.)
- universale dichterische Begabung für Tragödien, Komödien und kleinere Gedichte
- Werk: Epos *Annales:* Geschichte Roms von Gründung bis zu seiner Zeit

- P. Terentius Afer (195-159 v. Chr.)
- hielt mehr an griechischen Vorlagen fest
- Sprechtheater

b) Die Satire

- = *satura*
- entstand durch Römer → einzige literarische Richtung, die durch Römer entstand
- 2 Arten der Satire in Rom

Lucilius
- C. Lucilius (168-102 v. Chr.)
- Aus Rittergeschlecht
- 1. römischer Dichter der gehobenen Schicht
- Freundschaft mit P. Cornelius Scipio Aemilianus
- gilt als eigentlicher Begründer der Satire
- Kritik, Spott, Witz, Ironie gegen Personen und Zeitumstände mit großer Nachwirkung

Die menippeische Satire
- Geht auf Syrer Menippos (3. Jh. v. Chr.) → schrieb in griechischer Sprache
- beschrieb menschliche Schwächen satirisch

c) Die Geschichtsschreibung

Der Anfang in griechischer Sprache
- entstand erst gegen Ende des 3. Jhd. v. Chr. → noch in griechischer Sprache
- Versuch der Entgegenwirkung gegen romfeindliche Darstellung griechischer Historiker nach 2. Punischen Krieg (zuerst versuchte dies Senator Pictor noch auf griechisch)

M. Porcius Cato (234 – 149 v. Chr.)
- kam von ritterlichen Gutshof in Tusculum nach Rom
- wurde als *homo novus* 195 v. Chr. mit 39 Konsul → 11 Jahre später Zensor
- kämpfte gegen wachsenden Einfluss der Griechen & würdigte röm. Sitten, Einrichtungen und Vorfahren → Stärkung Selbstbewusstsein der Römer
- Studium griechischer Literatur
- Großer Redner
- Verfasste Lehrschriften für Sohn Marcus
- Werke:
  o *De agricultura*: Anleitung zur Bewirtschaftung von Landgütern
  o *Origines*: Geschichte Roms und anderer italischer Städte → wurde damit Begründer der lateinischen Geschichtsschreibung

d) Die Redekunst

Catos Leistungen
- Große Rolle der Redekunst in politischen Versammlungen in Rom
- M. Porcius Cato hatte als erster hohe literarische Ansprüche an seine Redekunst
- begründete Literaturgattung der Rede in Rom
- liebte drastische Formulierungen & bevorzugte knappe Ausdrucksweise
- beendete jede seiner Reden mit dem Satz „Im Übrigen bin ich der Meinung, dass Karthago vernichtet werden muss."

- nach Catos Tod, in Zeit der Bürgerkriege, wurde Redekunst wichtig → Masse für Sozialreformen gewinnen & mobilisieren
- erste lateinische Rhetorenschule entstand
- Aristoteles Einteilungen der Rede wurden übernommen: Gerichtsrede, Staatsrede, Gelegenheitsrede / Prunkrede

4.2 Die Zeit Ciceros und Caesars

Voraussetzungen der römischen Klassik

- Zeit der Bürgerkriege hatte zwei Gesichter:
  o Verfall der inneren staatlichen Ordnung → Machthaber Übermaß an Handlungsfreiheit
  o Chance für Streben nach Individualität für Literaten
- Autoren dieser Zeit, die nach Individualität strebten: *Catull & Lukrez*
- Werke der Griechen stellten nur noch Orientierungsmuster dar → etwas Eigenes und Ebenbürtiges sollte geschaffen werden → dies gelang als erstem Römer Cicero
- Inhalt & Form der Reden sollte nun einander bedingen

Cicero

- Marcus Tullius Cicero 106 – 43 v. Chr.
- Leben:
  o kam aus Arpinum
  o Vater (Besitzer eines Landgutes) ermöglichte ihm gute Ausbildung in Rom
  o erste Reden hielt er 81 und 80 v. Chr.
  o ging von 79 – 77 v. Chr. nach Griechenland, um sich philosophischen Studien zu widmen
  o in Athen Freundschaft mit Verleger Atticus, lernte Poseidonios und Molon kennen
  o 75 v. Chr. Quästor in Sizilien → Anwalt gegen Provinzstatthalter Verres → wurde dann erster Anwalt Roms
  o 74 v. Chr. Ädil → 66 v. Chr. Prätor → 63 v. Chr. Konsul (in alle Ämter *suo anno*)
  o bewies Mut und Standhaftigkeit gegen Umsturzpläne Catilinas = Cicero Retter des Staates
  o 62 v. Chr. bekam er Schwierigkeiten, weil Rechtmäßigkeit seiner Maßnahmen gegen Catilinarier angefochten wurde
  o durch 1. Triumvirat (Pompeius, Caesar, Crassus) → Verlust deines politischen Einflusses
  o 58 v. Chr. Verbannung
  o 57 v. Chr. wurde er zurückgerufen → bekam keine einflussreiche Stelle
  o ab 55 v. Chr. suchte er Trost in schriftlichen Arbeiten
  o 51 v. Chr. Prokonsul in Kilikien, verließ Rom dafür nur ungern
  o 47 v. Chr. Rückkehr nach Rom
  o 43 v. Chr. 2. Triumvirat (Antonius, Lepidus, Octavian) → Cicero auf Proskriptionsliste → Ermordung
- Werke:
  o *de oratore:* über das Ideal des philosophisch gebildeten Redners, Vorraussetzungen des Rednerberufs, Wesen der Rhetorik, Aufbau der Rede, Stilfragen
  o *de re publica:* Staatslehre
  o *de legibus:* zweites staatsphilosophische Werk, allerdings unvollendet

- *Brutus:* Überblick über Geschichte der röm. Rhetorik
- *Orator:* was vollendeten Redner auszeichnet → muss drei grundlegende Stilarten der Rede beherrschen (schlicht, mittel, erhaben)
- *De finibus bonorum et malorum:* Frage nach höchstem Gut & Übel
- *Tusculanae disputationes:* Lebenshilfe zu den Fragen menschlichen Daseins → Tod z.b. kein Unglück, da Seele unsterblich
- *De officiis:* Anweisung an sittliche Lebensführung an 4 Kardinaltugenden (*sapientia, iustitia, magnanimitas, moderatio*)
- Literarisches Werk:
  - 58 erhaltene Reden
  - rhetorische & philosophische Schriften
  - 800 Briefe (400 an Verleger Atticus)
- Nachwirkungen:
  - politisches Wirken hatte keinen Erfolg → leitete jedoch geistesgesch. Entwicklung in Rom ein
  - machte lateinische Sprache zu vielseitigen und ausdrucksstarken Instrument
  - schaffte großes lateinisches philosophisches Vokabular

Caesar

- C. Julius Caesar 100 – 44 v. Chr.
- Leben:
  - stammte aus Rom, Familie gehörte zur *gens Iulia*
  - während Proskription Sullas geriet er in Gefahr, da seine Familie Popularen unterstützten → verließ Rom
  - nach Sullas Tod Rückkehr und Auftritt als Gerichtsredner auf Forum
  - vertiefte Rhetorikkenntnisse bei Molon (wie Cicero)
  - 73 v. Chr. Berufung in Pontifikalkollegium → Ämterlaufbahn folgte
  - treibende Kraft bei Bildung des 1. Triumvirats
  - 59 v. Chr. Konsul
  - 58 – 54 v. Chr. besaß Provinz Gallien
  - führte dann Krieg gegen Gallier und unterwarf diese → schuf schlagkräftiges und zuverlässiges Heer
  - wegen des rücksichtslosen Krieges gegen Usipeter & Tenkterer stellte jüngerer Cato Antrag Caesar den Feinden auszuliefern
  - 52 v. Chr. erhob sich ganz Gallien unter Führung des Vercingetorix gegen ihn → nach Sieg war er allerdings mächtigster Mann in Rom
  - 49 v. Chr. brach Bürgerkrieg aus → kämpfte sich bis 45 v. Chr. zum Alleinherrscher hoch
  - Ernennung zum Diktator auf Lebenszeit und *Imperator*
  - 44 v. Chr. starb an Iden des März als Opfer republikanischer Verschwörer
- Werke:
  - *commentarii:* über Krieg in Gallien, Bürgerkrieg, Wirren in Alexandria (*commentarii* = sachliche Berichte, Berichte in dritter Person → Eindruck objektiver Berichterstattung)
  - *bellum gallicum:* 8 Bücher (1-7 selbst geschrieben) über Ereignisse der Jahre 58-52 v. Chr.
  - *bellum civile:* Bericht über den Bürgerkrieg
  - *analogia:* verlorengegangene Schrift über Grundsätze sprachl. Gestaltung → schlichter Gebrauch der Sprache und Einfachheit der Sätze

Sallust

- C. Sallustius Crispus 86 – 35 v. Chr. (= erster großer Historiker Roms)
- Leben:
  - kam aus Sabinerland nach Rom
  - ließ sich in Rom als Vorbereitung auf politische Karriere in Rhetorik ausbilden
  - ebenfalls intensive Beschäftigung mit Geschichte
  - 54 v. Chr. Quästor → Mitglied des Senats
  - 52 v. Chr. Volkstribun
  - Anhänger der Popularen & Caesars, Gegner Ciceros
  - 46 v. Chr. durch Caesar als Statthalter in Provinz *Africa* eingesetzt → bereicherte sich hier
  - Caesars Weg entsprach nicht seinen Erwartungen → Rückzug aus Politik
  - Nach Ermordung Caesars ging er philosophischen Studien nach → Beschäftigung mit Aufstieg & Untergang der Republik
- Werke:
  - historische Monografie über Verschwörung des Catilina
  - historische Monografie über Krieg Roms gegen Jugurtha
    → darin Rechtfertigung seiner schriftstellerischen Tätigkeit, Rückblick auf Vorgeschichte der dargestellten Ereignisse, Charakterisierung der Hauptpersonen
  - Historien
  - Angeblich 2 Briefe an Caesar
- Moralische Geschichtsschreibung
  - bemühte sich über den Parteien zu stehen
  - sah den politischen Verfall als Folge des moralischen Verfalls
  - verzichtete auf chronologisch getreue Darstellung zugunsten einer künstlerischen Gestaltung der Ereignisse
- Nachwirkungen:
  - von Zeitgenossen wegen seiner Ansichten & seines Stils getadelt
  - nach seinem Tod viele Bewunderer und Nachahmer
  - wurde als einziger römischer Historiker ins Griechische übersetzt

Nepos

- Cornelius Nepos 100 – 24 v. Chr.
- Begründer der Biografie in Rom
- gehörte Ritterstand an, war gebildet, literarisch geschult und vielseitig interessiert
- war befreundet mit Catull, mit Cicero & Atticus
- Werke:
  - *de viris illustribus:* biographisches Hauptwerk; umfasste mind. 16 Bücher; bedeutende Römer wurden Griechen & Nichtrömern gegenübergestellt; Interesse an Taten und Schicksalen einzelner Persönlichkeiten wird dargestellt

Lukrez

- folgte der Lehre Epikurs
- Abwendung von Rom & seiner Politik in Dichtungen
- Werk:
  - *De rerum natura*: großes Lehrgedicht → wollte durch gehobene Sprache Römer von Gottesfurcht befreien & ihnen innere Freiheit vermitteln

Catull

- C. Valerius Catullus 84 – 54 v. Chr.
- Abwendung von Rom & seiner Politik in seinen Dichtungen
- Hatte reichen und angesehenen Vater
- Aufnahme in Kreis junger Dichter in Rom → Poesie als Spiel & politische Distanz zu etablierten Parteien
- Lehnte Caesar & Cicero ab → griff dessen Günstlinge in Schmähgedichten an
- Sammlung von Gedichten überliefert → besteht aus 3 Teilen
    - ○ Kleinere Lieder
    - ○ Größere Dichtungen hellenistischer Prägung
    - ○ Epigramme & Gelegenheitsgedicht
- Gelangten nur mühsam gesellschaftliches Ansehen, da Epos & Geschichtsschreibung hoch angesehen waren
- Wollte persönliches Erleben in Gedichten darstellen
- Dichtung als Spiel & Protest
- Man wollte als *poeta doctus* = gelehrter Dichter anerkannt werden
- bis in Spätantike gelesen, im Mittelalter fast unbekannt, Anreiz für Lessing und Goethe

4.3 Die Zeit des Augustus

- in dieser Zeit entfalteten sich Dichtung & Geschichtsschreibung
- Bürgerkriege verschärften sich nochmals & Friedenssehnsucht nahm zu → Hoffnung auf Erfüllung der Friedenssehnsucht durch *Octavian (Augustus)*
- Dichter lobten vor Neuanfang & Augustus
- Maecenas, aus altem etruskischen Adelsgeschlecht, förderte größte römische Dichter (Vergil, Horaz, Properz) → Mäzenatentum

Vergil

- Publius Vergilius Maro 70 – 19 v. Chr.
- Vater ermöglichte ihm gute Ausbildung
- kam 52 v. Chr. nach Rom, besuchte Grammatiker- und Rhetorenschule
- spiegelt in Gedichten Wirren des Bürgerkrieges wider
- hoffte auf bessere Zukunft Roms

- Werke:
    - ○ zehn *Eklogen* (Hirtengedichte): zeichnet beschwerliches Landleben; kündigt in 4. Ekloge Geburt eines göttlichen Jungen an
    - ○ *Georgica:* Dichtung; Maecenas gewidmet; Lehrgedicht vom Landbau in 4 Büchern (Ackerbau, Obst- und Weinanbau, Viehzucht, Imkerei)
    - ○ *Aeneis:* = Hauptwerk; 12 Bücher; in sich geschlossene Kleinepen; mythische und geschichtliche Überlieferung der Römer ging in dieses Werk ein: Aeneas-Sage, Untergang Trojas, Sage von Gründung Roms, Didogeschichte, Motiv des Abstiegs in die Unterwelt

Horaz

- Q. Horatius Flaccus 65 – 8 v. Chr.
- Sohn eines Freigelassenen
- reiste von Rom nach Athen um dort Literatur und Philosophie zu studieren

- folgte dem Aufruf von Cassius & Brutus zum Kampf für die Wiederherstellung der Republik
- wurde in kurzer Zeit Militärtribun & führte Legion
- Nach Enteignung des väterlichen Gutes schlug er sich in Rom als Schreiber durch
- Tiefe Freundschaft zu Vergil
- Werke
  - Epoden: Spott- und Schimpfgedichte; derbes Parodieren & Spotten; beißender Witz der Römer
  - *Oden*: *carmina*; Bsp. *Römeroden*; trat hier für Erneuerungsbestrebungen des Augustus ein
  - *Satiren*: = *sermones*; Frage nach rechter Lebensgestaltung; durch Lachen zu Erkenntnis führen
  - Poetische *Epistel*: neugewählter Rahmen der Briefform; = Selbstporträt eines Mannes
  - *Carmen saeculare*: feierliches chorisches Kultlied
  - *Ars poetica:* äußerte sich in Briefform über Fragen des Dichtens. Kunstregeln, Einheit des Kunstwerks & Ziele des Dichters
- Nachwirkungen:
  - *Oden* wirkten auf christliche Hymnendichtung der Spätantike
  - Wirkungen auf Lehre der Dichtkunst
  - Im röm. MA ist seine Satire eine Sittenpredigt

Tibull und Properz

- elegische Dichtung → Liebesklage zum Ausdruck bringen
- Liebe als zentrales Motiv ihrer Dichtung
- Tibull:
  - Albius Tibullus 53-19 v. Chr.
  - Gehörte Ritterstand an
  - Freund des Horaz
  - Werke:
    - 2 Bücher Elegien mit 16 Gedichten (überwiegend Liebesgedichte): Liebe, Landleben & Krieg als zentrale Motive
    - *Corpus Tibullianum*: Gedichtsammlung unter seinem Namen
- Properz:
  - Sextus Propertius 50-? v. Chr.
  - Kam als junger Mann nach Rom
  - Werke:
    - 4 Elegienbücher: behandelten u.a. erotische und römisch-augusteische Themen; Verherrlichung der Matrone Cornelia
- Nachwirkungen
  - Regten Ovid an & Goethe an

Ovid

- P. Ovidius Naso 43 v. Chr – 18. n. Chr.
- Setzte sich als erster mit größten Dichtern Roms auseinander
- stammte aus reichen Rittergeschlecht
- studierte in Rom vor allem Rhetorik → entdeckte bald dichterische Begabung
- wurde später verbannt
- Werke:
  - *amores*: Liebesgeschichten

- o *heroides*: Liebesbriefe von Frauen der griechischen Mythen und Sagen
- o *methamorphoses*: epische Dichtung; Verwandlungsgeschichten als Kleinepen
- o *fasti*: Sammelgedicht, das dem röm. Festtagskalender folgt und Sagen, Bräuche, Erinnerungen, astronomische Erscheinungen schildert
- o *ars amatoria*: Lehrgedicht der Liebe in 3 Büchern
- o *tristia*: Trauerlieder des Verbannten
- o *Epistulae ex Ponto*
- Nachwirkungen:
  - o Wurde auch im Mittelalter gelesen
  - o Bekanntester & am meisten zitierter römischer Dichter
  - o Bis in Gegenwart wurden seine Themen und Motive aufgegriffen

Livius

- Hintergrund:
  - o Politische Tätigkeit verlor mehr & mehr an Bedeutung
  - o Über Schulbetrieb gewann Rhetorik Einfluss auf Literatur
- Titus Livius 59 v. Chr. – 17 n. Chr.
- War Republikaner & seine Sympathie gehörte den Caesarmördern
- erster Geschichtsschreiber, der keine eigene politische oder militärische Erfahrung hatte
- übte Schriftstellertätigkeit als Beruf aus
- Werk:
  - o *ab urbe condita*: Darstellung der römischen Geschichte in 142 Büchern
- Geschichtsschreibung als Kunst
- Alte *res publica* war für ihn Maßstab der Bewertung der Ereignisse & des Handelns
- Revolutionszeit war für ihn Zeit des Niedergangs aufgrund des Sittenverfalls
- stellte Geschichte als Einziger mit gewissen Patriotismus dar

4.4 Die frühe Kaiserzeit

Neue Voraussetzungen der Literatur

- Dichtung fand ihr Ende mit Tod er augusteischen Dichter
- Auseinandersetzung mit griechischer Literatur ersparten sich Autoren
- Einfluss der Rhetorik nahm in Prosa & Dichtung zu
- Autoren neigten dazu durch Herrscherlob die Gunst der Cäsaren zu gewinnen
- Bedeutende Autoren wie Seneca, Quintilian & Martial kamen aus Spanien

Die Dichtung

- Dichter der Zeit setzten sich mit augusteischen Klassikern auseinander
- Bekannte Gattungen wurden weiterentwickelt durch: Satiriker Persius & Epiker Lukan
- Neue Wege gingen:
  - o Phaedrus → Fabeldichtung
  - o Martial → Dichter von Epigrammen v.a. Spottgedichten (Glanz- und Schattenseiten, Luxus & Armut, Rechtschaffenheit & Laster)
  - o Juvenal → Satiriker; Satiren zur Belehrung

Prosa, Dichtung & Mischformen

Seneca

- Seneca 4 v. Chr. – 65 n. Chr. = Philosoph
- philosophische Studien in Rom
- wurde von Claudius nach Korsika verbannt
- Erzieher und Lehrer Neros
- beging Selbstmord
- verfasste Werke in Prosa & Dichtungen
- schrieb Trost- und Mahnschriften, Abhandlungen, Briefe (*epistulae morales*), Tragödien (zeigt hier auf, zu welch unmenschlichen Handlungen Menschen fähig sind) und eine Satire

Petron

- Petronius Arbiter -66 n. Chr.
- Werk:
  - Satirischer Roman: parodiert derb die Sitten der Gesellschaft
- Fiel bei Nero in Ungnade und musste sich das Leben nehmen

Quintilian

- 35-96 n. Chr.
- war erster vom Staat besoldete Lehrer für Rhetorik und ihr Theoretiker (neben Cicero)
- Werk:
  - *Institutio oratia*: Hauptwerk aus 12 Büchern; entwickelt Konzeption der Ausbildung & Erziehung eines Redners
- Wollte Bindung des Redners an philosophisch begründetes Erziehungsziel

Plinius

- C. Plinius Caecilius Secundus 61-113 n. Chr.
- Neffe & Adoptivsohn des älteren Plinius
- Schüler Quintilians
- War Konsul & Statthalter
- Werke:
  - Briefe (ca. 250 Stück), naturwissenschaftliche Werke
  - Schilderungen über Ausbruch des Vesuvs
  - Korrespondenz mit Kaiser, die Christenbrief & Antwort des Kaisers enthält

Sueton

- Rechtsanwalt & Sekretär in kaiserlicher Kanzlei
- Freund von Plinius
- Werke:
  - *Biografien* der römischen Kaiser bis Domitian
  - *De viris illustribus*: Sammelbiographie über Dichter, Redner, Geschichtsschreiber & Philosophen Roms

Tacitus

- Cornelius Tacitus 54 – 120 n. Chr. = Historiker
- Freund des jüngeren Plinius
- Literarisches Vorbild war Sallust
- studierte Rhetorik in Rom

- fand Anerkennung als Gerichts- und Festredner
- Werke:
  - *agricola*: Schrift über das Leben seines Schwiegervaters; würdigte das Wirken diese Heerführer & Statthalters von Britannien
  - *germania*: Monographie in 2 Teilen; Bericht über Land, Herkunft, Religion & Lebensart der Germanen; Charakterisierung der einzelner Stämme
  - *Dialogus de oratoribus*: Studie über Zerfall der Beredsamkeit
  - *Historiae; Annales*: Zeitgeschichte in 14 Büchern über flavischen Kaiser; Geschichte vom Tod des Augustus

4.5 Die späte Kaiserzeit

- nach Tod Marc Aurels, traten Erscheinungen des inneren Verfalls deutlich hervor
- Rom verlor Anziehungskraft und damit wichtige Grundlage für Größe seiner Literatur
- im 2. Jhd. n. Chr. erhielt Literatur Impulse aus Nordafrika, wo sich Karthago zu Kulturzentrum entw.
- *Apuleius* erlangte größte Bedeutung
  - Beherrschte Punisches, Lateinisches & Griechisches
  - Studium der Rhetorik & Philosophie
  - Bekanntestes Werk: *Metamorphosen* (= goldener Esel genannt, = Verwandlungsroman);
- erste christliche Literatur:
  - *Evangelien, Apostelgeschichte, Lehrbriefe* der Apostel breiteten sich im Osten aus
  - Übersetzung der Bibel im 2. Jhd. n. Chr. war Voraussetzung für Entwicklung der lat. christl. Lit.
  - christliche Literatur entfaltete sich schnell
- heidnische Literatur (= antik-römische L.)
  - sank an Bedeutung ab
  - Schriften der römischen Klassiker wurden in Schulen kommentiert → Grammatiker *Donat* (schrieb lat. Grammatik)
- Bibelübersetzung = *Vulgata* des Hieronymus (348-420 n. Chr.)
- Christliche Nutzung antiker Literatur → Christianisierung Roms & Romanisierung des westl. Christentums setzte ein
- Erste christliche Dichtung
  - Größter christl. Dichter: Aurelius Prudentus Clemens 48-405 n. Chr. → Hymnen
- Christlich geprägte lateinische Kultur konnte sich durch Leistungen der Kirchenväter ausbreiten
- Führende Vertreter der alten röm. Oberschicht: *Boethius* & *Cassiodor* (ließ überlieferte Texte von seinen Mönchen sammeln & abschreiben → Mönche überlieferten somit röm. Literatur)

5. PHILOSOPHIE

5.1 Die griechische Philosophie als Wurzel römischen Philosophierens

- Am Anfang griechischer Philosophie steht das Sich-Wundern über Entstehen und Vergehen in Natur, Ordnung der Welt, Kosmos → Frage nach dem Ursprung und Anfang der Welt entstand
- Vernunft als Mittel zur Erkenntnis → somit wird Weg vom Mythos zum logos beschritten, Abwendung von Göttern & Hinwendung zu erfassbaren Ursachen durch Vernunft
- Drei Bereiche der antiken Philosophie:
  - Physik (Astronomie, Physik, Biologie, Geologie, Psychologie, Theologie)
  - Logik (Rhetorik, Linguistik, Logik)
  - Ethik (Politologie)
- Für Römer stand Ethik im Mittelpunkt → Philosophieren hieß also primär Handeln, das aus ethischer Handlung erwächst, und nicht so sehr Denken als erkenntnistheoretischer Prozess

a) Die Vorsokratiker und Sophisten (= alle Philosophen vor Sokrates)

- Frage nach Wesen des Kosmos und des Seins
- Ionische Naturphilosophen stellten sich Frage nach Frage nach Urstoff, aus dem sich organisches Leben entwickelt
- Danach Frage nach Ursachen von Werden & Veränderung
- Frage nach Rolle des Menschen in der Natur
- Vorsokratiker: Pythagoras (570-500 v. Chr.), Heraklit, Demokrit
- Sophisten (Protagoras, Gorgias): Menschen rückten als denkendes und handelndes Subjekt in Mittelpunkt → Erziehung und Bildung des Menschen als Hauptbetätigungsfeld der Sophisten

b) Sokrates

- 470 – 399 v. Chr.
- hat keine schriftlichen Zeugnisse hinterlassen → Wissen über ihn durch Schriften seiner Schüler (z.B. Platon)
- Lehre von der Einheit von Wissen, Wollen & Handeln und Forderung sich um eigenes Leben zu kümmern → stieß bei Politikern Athens damit auf Widerstand
- zum Tode verurteilt, da er angeblich nicht an die Götter glaubte, die die Polis verehrte & die Jugend verführe
- setzte das Wissen des Nichtwissens gegen sophistische Vorstellungen
- seine Fragen: Was ist gerecht? Was ist gut? Was ist schön?
- Hauptanliegen: Menschen zur Erkenntnis seiner selbst führen
- Wollte durch Verwicklung von Menschen in peinliche Dialoge Prozess des Infragestellens und Nachdenkens anregen

c) Platon

- 427 – 347 v. Chr.
- stammt aus adliger Familie in Athen, Schüler Sokrates
- 387 v. Chr. gründete er Philosophenschule = Akademie
- seine Philosophie umfasst 3 Bereiche:
  - Ideenlehre: Frage nach wahrhaft Seienden; Dinge die uns umgeben sind nur Abbilder von Urbildern; alle Sinneswahrnehmungen sind Täuschungen; Mögliche Aufstieg des Menschen zu Ideen macht Platon an Höhlengleichnis fest:

- Menschen gleichen in Höhlen angeketteten Wesen, die von wirklichen Welt nichts sehen können; Schatten der Dinge werden für Wirklichkeit gehalten; erst wenn Mensch sich befreien kann, kann er wirkliche Dinge sehen, die die Schatten werfen; außerhalb der Höhle im Tageslicht erkennt er wirkliche Dinge & Sonne
  - Tugendlehre:
    - Dreiteilung der Seele → 1. vernünftiges Denken – 2. Mut/Beherztheit (impulsives Streben, dass unter Leitung Logik zum richtigen/falschen Ziel führt) – 3. Begierde
    - jedem Seelenteil wird Tugend zugeordnet: 1. Einsicht/Weisheit, 2. Tapferkeit, 3. Selbstbeherrschung/Besonnenheit → ihnen übergeordnet ist Gerechtigkeit, die herrscht, wenn alle Seelenteile ihre Aufgabe erfüllen
  - Lehre vom Idealstaat (= *Politeia*):
    - Grundlage ist Gerechtigkeit = Tugend, die nicht ohne Weisheit verwirklicht werden kann;
    - 3 Stände ermöglichen Gerechtigkeit: Nährstand (Bauern, Handwerker, Kaufleute); Wehrstand & Beamte) → Sicherung Bestand und Ordnung des Staates; Führungsschicht (Könige, Philosophen) → besitzen Wahrheit

d) Aristoteles

- 384 – 322 v. Chr.
- zunächst Mitglied der Akademie; gründete später eigene Schule; Erzieher des Prinzen Alexander
- Werk:
  - *Corpus Aristotelicum*: Bereiche der Physik, Metaphysik, Ethik, Politik u.s.w.
  - *Metaphysik*: Stoff/Materie und Form/Gestalt sind jedem Wesen immanent
- Realist & Pragmatiker
- Fragt nach Erreichbarem (und nicht nach Gut)
- durch Frage nach dem Ziel des Lebens (= Glück) & dem Nachdenken des Menschen über Lebensführung wurde Ethik in Philosophie verankert
- Begründer der Logik
- Staatslehre in der er Staatsformen (z.B. Demokratie) & Entartungsformen (z.B. Tyrannis) nennt und vergleicht → Idealstaat hat Ziel der Sicherheit und Vervollkommnung des sittlichen Lebens
- Gedanke der heutigen Gewaltenteilung

e) Epikur

- 342 – 270 v. Chr.
- gründete neue Schule in Garten in Athen
- Atomlehre beruhend auf Demokrit
- Im Mittelpunkt seiner Lehre stand Ethik
- Lust = höchstes Gut; Schmerz = größtes Übel → deshalb besteht Glück des Menschen aus maßvollem und vernünftigem Lebensgenuss, Schmerzfreiheit, Ungestörtheit des Geistes & Ruhe der Seele
- Mit Hilfe der Vernunft befreit sich Mensch von Ängsten, Begierden & Leidenschaften & lebt zurückgezogen im Kreise seiner Freunde

f) Die Stoa

- Schule, die um 300 v. Chr. gegründet wurde durch Zenon
- Lust = Leidenschaft, die zu bekämpfen ist
- Vernunft ist höchstes Gut und Ziel des Lebens

- Philosophie ist gekennzeichnet durch scharfen Unterschied zwischen Weisen und Nicht-Weisen
- Stoiker: *Panaitios*, *Poseidonios*

5.2 Philosophie in Rom

Auseinandersetzung mit der griechischen Philosophie

- durch Ausdehnung römischer Herrschaft auf Unteritalien und Eroberung Siziliens begann auch Auseinandersetzung der Römer mit der griechischen Philosophie
- Schwanken zwischen Faszination/Aneignung & totaler Ablehnung
- Offenheit setzte sich allerdings durch

a) Lukrez = Titus Lucretius Carus 97 – 53 v. Chr.

- folgte der Lehre Epikurs
- Abwendung von Rom & seiner Politik in Dichtungen
- Werk:
  - *De rerum natura* = Über die Natur der Dinge: großes Lehrgedicht → wollte durch gehobene Sprache Römer von Gottesfurcht befreien & ihnen innere Freiheit vermitteln; enthält Naturlehre Epikurs
- Ziel von L.: Mensch von der Furcht vor dem Tode & den Göttern befreien → angst- und begierdefreies Leben
- Philosophie: nur Existenz eines unendlich leeren Raums und von Materie in Form von Atomen
- auch Seele des Menschen besteht aus äußerst kleinen Atomverbindungen mit Sitz in der Brust (entsteht und vergeht mit Körper)
- Bedeutung für Mittelalter eher klein & für Materialisten des 17. und 18. Jhd. eher wichtig

b) Cicero = M. Tullius Cicero 106 – 43 v. Chr.

- Vermittelt umfassende philosophische Bildung mit Vorliebe für Akademie
- greift griechische Vorgänger auf, reflektiert ihre Gedanken und überträgt sie in lateinische Sprache
- Ausgangspunkt seiner philosophischen Schriften ist Staatsphilosophie
- philosophische Abhandlungen Ciceros reichen von Gedanken über Staat und Gesetze über theologische Fragen bis hin zur Diskussion über sittliche und ethische Werte als Voraussetzung für glückseliges Leben
- die meisten Schriften sind in Form eines Gesprächs gekleidet, in Anlehnung an platonische Dialoge
- Werke:
  - *de re publica* 55 v. Chr.: angeborener Gemeinschaftstrieb führt zur Bildung von Staaten; Beschreibung einzelner Verfassungen; Mischverfassung = Idealform, bei der Konsuln monarchische, Senat aristokratische und Volk demokratisches Elemente vertreten → schützt vor Entartung; Herrschaft der Römer ist gottgewollt und gerecht
  - *De finibus bonorum et malorum*: Reflexion der unterschiedlichen Auffassungen der hellenistischen Philosophenschulen zur Frage nach höchsten Gut und größten Übel; in Natur des Menschen sind Körperliches und Seelisches miteinander verbunden; Seele hat jedoch Vorrang vor Körper; Streben nach Vollendung der Vernunft ist besser als Streben nach Selbsterhaltung; Cicero sucht keine Klärung dieser Problematik, sondern er will Rom griechische Philosophie vermitteln und griechische Begriffe im römischen Denken und in der lateinischen Sprache umsetzen

- o *tusculanae disputationes*: Art „Lebenshilfe" die sich mit zentralen Fragen des menschlichen Daseins befasst; Tod = kein Unglück für Menschen; körperlicher und seelischer Schmerz als Hauptquelle der Angst; vier Leidenschaften: Furcht, Schmerz, Begierde, Lust → müssen erstickt werden durch Philosophie; Cicero versucht Konsens herauszuarbeiten
- o *de officiis*: Anweisungen zur sittlichen Lebensführung an 4 Kardinaltugenden; Überwindung Leidenschaften, Ertragen des Schicksals, Erforschung und Erkenntnis Wahrheit, Schutz der Gemeinschaft, Geringschätzung äußerer Werte; Vormachtstellung Vernunft über Triebe; Beschreibung des verantwortungsvollen Politikers
- o *de natura deorum*

c) Seneca = Lucius Annaeus Seneca 4 v. Chr. – 65 n. Chr.

- philosophische Studien & rhetorische Ausbildung in Rom
- wurde von Claudius nach Korsika verbannt → wegen erfolgreicher politischer Karriere
- Erzieher und Lehrer Neros
- Beging, durch Nero zum Tode verurteilt, Selbstmord
- verfasste Werke in Prosa & Dichtungen
- schrieb Trost- und Mahnschriften, Abhandlungen, Briefe (*epistulae morales*), Tragödien (zeigt hier auf, zu welch unmenschlichen Handlungen Menschen fähig sind) und eine Satire
- → Frage nach glücklichen und erfüllten Leben steht im Mittelpunkt seines Denkens: Mensch muss sich dazu von falschen Vorstellungen über Leben & Tod befreien → naturgemäßes Leben (= durch Vernunft (*ratio*) bestimmt & dem Willen (*voluntas*) zur Änderung des Lebens)
- publizierte Abhandlungen die von stoischer Philosophie geprägt waren
- Werke:
  - o *de clementia*: Verhaltenskodex für den jungen Nero
  - o *de vita beata*: geht auf Einzelfragen ein, die ihm von Freunden gestellt wurden
  - o *de otio*: durch Enttäuschung über Nero und der Entschluss sich aus der Politik zurückzuziehen geht es hier um Gegensatz von *vita contemplativa* & *activa*
  - o *epistulae morales ad Lucilium*: fiktive Briefe in denen er am ehesten als Person, Philosoph und Pädagoge auftritt
  - o *de brevitate vitae*
  - o *de tranquilitate animi*
  - o *de constantia sapientis*
  - o *de prvidentia*
  - o *de beneficiis*
  - o *de ira*

d) Stoiker nach Seneca

- nach Tod Senecas und seit Zeit Neros wurden stoisch denkende Philosophen verfolgt, die Kritik an sozialen und politischen Missständen übten (Bsp. Epiktet)
- Situation änderte sich erst als Marcus Aurelius Antoninus (121-180 n. Chr.)= Marc Aurel 161n. Chr. Kaiser wurde
- Werk:
  - o *Selbstbetrachtungen* in Form von Tagebuchnotizen → Ermahnungen zur Pflichterfüllung gegen Götter & Menschen
- Aktives Handeln steht im Vordergrund
- später Rückzug in die Innerlichkeit, zu sich selbst

e) Augustinus = Aurelius Augustinus 354 – 430 n. Chr.

- erst er bringt antikes philosophisches Gedankengut und christliches Denken wieder in eine Einheit
- Lehrer der Rhetorik in Rom
- Wurde in Nordafrika Bischof
- geprägt vom Neuplatonismus
- ordnete später Philosophie dem Glauben unter
- Werk:
  - *confessiones:* berichtet über sein ausschweifendes Leben in Jugend, die Abkehr davon und Hinwendung zur Askese & seine Bekehrung zum Christentum = Lebensbeichte und Glaubensbekenntnis → Rückzug zu sich selbst in Verbindung mit Glauben → Gott = Verkörperung der Wahrheit, vermittelt Menschen durch Verstand die Gewissheit der eigenen Existenz und Selbsterkenntnis
  - *de civitate dei*: tritt Vorwurf der Heiden entgegen, dass Plünderung der Stadt Rom durch Westgoten ein Strafgericht der alten vernachlässigten Götter ist und zugleich Schwäche des Christengottes; Rechtfertigung der Weltherrschaft der Römer → Gemeinde Gottes (*civitas dei*) = Welt des Guten, Heimat der Christen, Ziel und Ende der Geschichte

f) Anicius Manlius Severinus Boethius = Boethius 480 – 524 n. Chr.

- gehörte zur röm. Führungsschicht
- wurde eingesetzt, um Römer & Ostgoten zu friedlichem Zusammenleben zu bewegen
- war zunächst Kanzler & wurde dann eingekerkert und später hingerichtet
- Werk:
  - *consolatio philosophiae* (= Trost der Philosophie): Prosawerk mit Gedichten; → personifizierte Philosophie war seine Gesprächspartnerin und Helferin in Gefangenschaft; lehrte ihn über wahres Glück, das in Liebe Gottes besteht → Gott hat nur Rahmenbedingungen festgelegt, innerhalb derer Mensch tätig wird

5.3 Fortwirken der Philosophie

- zunehmender Ich – Bezug
- Hinwendung zu ethischen, das eigene Leben betreffende Fragen, mit Bezug zum römischen Staat
- christliche Philosophie folgt (Augustin, Boethius)
- Leitgedanken
  - Naturrecht – Menschenrecht – Menschenwürde: Mensch wird mit Empfindung für Recht und Unrecht geboren; neuzeitlich: Menschenrecht & Menschenwürde wird durch Staat garantiert durch Kodifizierung
  - Mensch als Gemeinschaftswesen mit sittlichen Verhalten & Geselligkeitstrieb
  - Staatsmodelle → Suche nach dem besten Staat & Definition des Idealstaates
  - Glück als Ziel des Menschen → Frage nach dem Sinn des Daseins = Glück? → Kant bricht mit dieser Vorstellung

6. DAS RÖMISCHE GERMANIEN

6.1 Historischer Überblick

- Hinweise zum Leben in Provinzen und somit zum Leben der Römer selbst durch Ausgrabungen
- früheste römische Hinterlassenschaften in Deutschland können mit Germanenkriegen des Augustus in Verbindung gebracht werden
- Archäologische Belege für Kriege Caesars fehlen
- Caesar ließ hölzerne Brücken über Rhein schlagen, um Germanen Macht der röm. Truppen zu demonstrieren
- Erst in augusteischer Zeit wollte Caesar Macht in germanischem Gebiet ausbauen
- Moseltal wurde schnell von Römern okkupiert
- Versuch ganz Germanien bis zur Elbe zur römischen Provinz zu machen wird durch mehrere Schriftsteller belegt
- Römer führten in Germanien ihre Recht, jedoch scheiterte Versuch einen *census* bei Germanen durchzuführen mit Varus-Niedlerlage 9 n. Chr. → röm. Träume auf große Provinz *Germania* waren damit zerstört
- Tiberius schrieb Rheingrenze im Norden fest
- Jedoch später große Gebietsgewinne auf rechtsrheinischem Gebiet unter Kaiser Vespasian (69-79 n. Chr.)
- Unter Titus wurde Donau überschritten → Grenze zu Germanen wurde immer mehr durch Römer befestigt, um Gebiete zu schützen

6.2 Die Grenzsicherung durch den Limes

- Rhein bildete Grenze zu Germanen, Grenzweg = Limes markierte Territorium der römischen Provinz bis zum Main und Neckar und weiter zur Donau → sogenannter Obergermanisch-Rätische Limes unterlag im Laufe der Kaiserzeit Änderungen
- Aufbau des Limes (obergermanischer & Rätischer) in vier Bauphasen:
  - o 1. einfacher Grenzweg *limes* wurde von Posten auf Holztürmen überwacht
  - o 2. Kaiser Hadrian legte Holzpalisade vor Weg an (ca. 117 – 134 n. Chr.)
  - o 3. aus Holz errichtete Türme wurden ab Mitte 2. Jhd. n. Chr. aus Stein gebaut
  - o 4. Errichtung eines Walls & Grabens zwischen Begleitweg und Palisade (spätes 2./ Beginn 3. Jhd. n. Chr.)
- diente nicht zur Abwehr großer kriegerischer Verbände, sondern als Frühwarnsystem zur Benachrichtigung der flexiblen Truppen im Hinterland
- Alamannen und Franken drangen im 3. Jhd. n. Chr. ins Reich ein und Limes wurde hinter Rhein zurückgenommen und Linie Rhein, Bodensee, Iller & Donau befestigt
- 401 n. Chr. wurden römische Truppen nach Italien abgezogen

6.3 Die römischen Provinzen: Belgica, Unter- und Obergermanien und Rätien

- Römer orientierten sich an Landmarken wie Flüssen und Gebirgen & alten Stammesgrenzen
- Gebietsteile von 4 römischen Provinzen liegen innerhalb der BRD: Provinz *Belgica, Unter- und Obergermanien und Rätien*
- Hauptorte in diesen Provinzen: Niedergermanien – *Colonia Claudia Ara Agrippinensium* (Köln), Obergermanien – *Mogontiacum* (Mainz), Rätien – Augsburg, Belgica – *Colonia Augusta Treverorum* (Trier)

- Bevölkerung dieser Provinzen bestand größtenteils aus keltischen und germanischen Stämmen
- wichtige Bedeutung für Rom:
  - o militärischer Aspekt einer sicheren Grenze im Osten um germanische Übergriffe abzuwehren
  - o fruchtbares Land entlang des Rheins (Getreideanbau, Viehzucht)
  - o Rhein als Transportweg
  - o Kleinere Kupfer- und Goldvorkommen
  - o Steinbrüche
  - o zahlreiche Thermalquellen für badebegeisterte Römer
  - o Festigung der röm. Herrschaft durch Ausbau der Provinzen und Tolerierung anderer kultureller Traditionen → gallo-römischen Kultur

6.4 Verwaltung der Provinzen

- stark vom Militär geprägt
- Einsatz von Statthaltern: übte Zivilverwaltung aus, Straf- und Zivilgerichtsbarkeit lag in seiner Hand, Legionen seiner Provinz unterstanden ihm
- öffentliche Ausgaben wurden durch Steuereinkünfte bestritten – durch Provinzbevölkerung
- Schaffung von *civitates* ermöglichte eine gewisse Selbstverwaltung der einheimischen Stämme → röm. Präfekt kontrollierte Verwaltung & Steuerpflicht

6.5 Leben in den Städten und größeren Siedlungen

- neben Lagern und Kastellen entstanden erste römische Siedlungen von Handwerkern, Händlern & Angehörigen der Legionäre
- aus unter Militärverwaltung stehenden Dörfern entwickelten sich teilweise bedeutende Orte (Heidelberg, Mainz)
- Rechtstitel:
  - o *colonia:* höchste Rechtsform, die einem Gemeinwesen im römischen Imperium verliehen werden konnte; auf heute dt. Gebiet nur 3 coloniae
    - Colonia Claudia Ara Agrippinensium – Köln
    - Colonia Ulpia Traiana – Xanten
    - Colonia Augusta Treverorum – Trier
    - → hier lebten vor allem römische Bürger → konnten Grundbesitz erwerben & waren von Grundsteuer befreit, *coloniae* waren aus Militärverwaltung herausgenommen
- *municipium:* weitere Form des Gemeinwesens, aber ohne Steuervorteile; hier lebten *cives* & *incolae* Bsp.: Rottweil am Neckar, Augsburg
- *vicus:* = Kleinstädte und Dörfer unterstanden von *coloniae* & *municipia* mitverwaltet; *magistri* & *curatores* übernahmen Verwaltungskontrolle
- Romanisierung in germanischen & gallischen Provinzen:
  - o Zusammentreffen der römischen und einheimisch-keltischen Lebensweise zu einer neuen, typischen Mischkultur = gallo-römische Kultur
  - o konsequenter politischer und technischer Ausbau der Provinz und gleichzeitige Tolerierung der einheimischen kulturellen Traditionen festigten römische Herrschaft
  - o Legionslager und *coloniae* trugen zur schnellen Romanisierung bei

- Stadtanlage
  - größere römische Stadt war aufgebaut wie ein militärisches Lager (rechtwinkliges Straßenraster, 2 sich in der Mitte des Ortes kreuzende Hauptstraßen mit Säulenreihen, quadratisch, übersichtlich)
  - zwei Hauptstraßen trafen sich in der Mitte des Ortes: hier alle wichtigen Gebäude angesiegelt (Forum mit Haupttempel, Marktplatz und Ratsversammlung)
  - weiterhin in Stadt: Thermen, Amphitheater und szenisches Theater
  - Stadtmauern & Stadttore
  - Große & prächtige Statthalterpaläste
- Wasser- und Abfallwirtschaft:
  - Wasserversorgung der Großstädte durch Aquädukte
  - Abwässer über Kanäle aus Stadt geleitet
  - Müll auf Mülldeponien
- Handwerk & Handel:
  - mit Militär kamen zahlreiche Handwerker und neue Berufssparten ins Land (Schmiede, Töpfer, Schreiner, Zimmerleute, Maler, Maurer)
  - Handwerker (meist Freigelassene) standen im Sozialgefüge nicht sehr hoch, durften keine Verwaltungsämter in Gemeinde ausüben
  - Handwerker organisierten sich in *collegia*
  - umfangreicher Warenaustausch im Zusammenhang mit Militär (Oliven, Öl, Fischsaucen, Wein, Trauben, Datteln, Feigen), es gab Zollgrenzen

6.6 Leben auf dem Land

- ¾ der Provinzbevölkerung arbeitete auf dem Land: Gesinde, Tagelöhner, seltener Sklaven
- landwirtschaftliche Betriebe wurden oft als Familienbetriebe geführt
- Land wurde auch oft verpachtet → fällige Pacht bestand aus Naturalabgaben oder Steuern an kaiserlichen Fiskus
- Hofanlagen von Zaun umgeben, Zentrum bildete Haus mit Veranda
- jeder Hof war eigenständig und versuchte von eigenen Produkten zu leben
- gut organisierte Landwirtschaft bereits vor Römer → durch Römer dann bessere Düngemethoden, neue Zuchttiere, eisernes Werkzeug → Folge: höhere Produktion

6.7 Verkehrswege

- Rhein und Nebenflüsse für Schifffahrt wichtigste Verkehrsadern
- Straßenbau in Provinzen = größte Leistung der Römer → wichtigste Straßenführung: entlang des Limes von Alpen bis Nordsee
- Straßen wurden zunächst von Militär angelegt, um schnell an Einsatzort an Grenze zu gelangen
- Ab Mitte 1. Jh. n. Chr. Straßenbauprogramme
- Meilensteine mit Meilenangaben
- Brückenbau

6.8 Bestattungssitten

- in Provinzen galt stadtrömische Vorschrift, Tote außerhalb des Stadtgebietes zu bestatten → Gräberfelder & Gräberbauten an Ausfallstraßen der Städte
- 1. Und 2. Jh. n. Chr. Brandbestattung

- Sitte der Körperbestattung in Särgen entstand erst Mitte des 2. Jhd. n. Chr.
- Zahl der Grabbeigaben (Krüge, Teller, Speisen) richtete sich nach religiösen Vorstellungen, Vermögen der Toten und ihrer Hinterbliebenen

6.9 Ende und Nachwirken der römischen Kultur

- im 2. Jhd. ruhige und recht friedliche Zeit für röm. Provinzen im Nordwesten des Reiches
- im 3. Jhd. begannen Einfälle der Germanen, die zum Ende der römischen Herrschaft in diesem Raum führten
- in später Kaiserzeit entstanden Verträge mit Germanen → germanische Bündnistruppen entstanden
- nach 411 n. Chr. endete römische Herrschaft am Rhein → Franken, Alamannen & Sueben übernahmen Land
- im frühen Mittelalter entstanden auf meisten römischen Orten mittelalterliche und schließlich neuzeitliche Städte
- viele moderne Ortsnamen beinhalten lateinische Wurzel
- zivilisatorische Leistung der Römer an technischen Errungenschaften erkennbar (Wasserentsorgung)

7. LATEIN IN EUROPA

7.1 Das lateinische Mittelalter

- durch Völkerwanderung wurde Kontinuität der kulturellen und literarischen Überlieferung in Europa unterbrochen
- germanische Stämme übernahmen in weiten Teilen des ehemaligen römischen Reiches die Herrschaft
- Islam drang im Laufe der Zeit bis Spanien vor (Beginn 8. Jh.)
- Päpste gewannen in dieser Zeit Ansehen und zunehmend Einfluss → betrieben Missionierung der Angelsachsen im Norden Europas
- unter Karl dem Großen verlagerte sich politische und kulturelle Entwicklung vom Mittelmeerraum in germanisch-romanischen Norden
- angelsächsische Mönche begannen mit Missionierung auf Festland, wurden im Frankenreich & Italien zum Teil verwandte, zum Teil verschiedenartige Sprachen gesprochen
- Ausprägung der drei späteren romanischen Sprachen aus der alten lateinischen Volkssprache (Vulgärlatein) in Italien, Spanien & Gallien
- Rückgriffe auf antik-röm. Lit. i.F.v. Übernahme sprachlicher & literarischer Formelemente
- Mittellatein 500-1500: Latein wurde Verwaltungssprache des Karolingerreiches, Verkehrssprache unter den Völkern und Ländern des europäischen Mittelalters, aber keine Muttersprache
- Texte im Mittellatein dienten meist nur der bloßen Mitteilung (Sachtexte, Archivaufzeichnungen, Berichte, Sachbücher)
- Verfasser eigentlicher Lit. Bis ins 11. Jh. überwiegend Geistliche
- Blütezeit mittellateinischer Literatur unter Karl dem Großen → Ausbau Schulen und Bibliotheken → förderte Ausbau Schriftlichkeit
- 9. und 10. Jhd. lateinische Dichtung in Reimform (Orbais, Walahfried Strabo)
- 11. und 12. Jh. Blütezeit der Literatur des lateinischen Mittelalters ausgelöst durch politische, religiöse und geistige Veränderungen in Europa → weltliche Literatur entstand mit Rückgriff auf Antike → weltliche Dichtung entwickelte sich aus geistlicher Dichtung → Heilige und Profanes, Jenseits und Diesseits wurden thematisiert → *Carmina Burana* = bekannteste Sammlung der mittellateinischen Dichtung → Otto von Freising = bedeutendster Geschichtsschreiber dieser Zeit
- ab 13. Jhd. = Ausklang mittellateinischer Literatur → Nationalsprachen drangen in Literatur vor, weltliche lateinische Dichtung verlor an Bedeutung → im Bereich geistlicher Lit. erlebten 2 literarische Gattungen Höhepunkt (Sequenzen, Legendensammlung)

7.2 Renaissance und Humanismus

- völlig neue Auseinandersetzung mit antiken Autoren setzte Ende des 13. Jh. ein
- Durch Zusammenbruch kaiserlicher Macht nationale Bestrebungen in Italien → germanisch-romanische Michkultur wurde als barbarisch empfunden
- Rückgriff auf Cicero, Vergil, Horaz, Ovid (galten als Inbegriff wahrer *humanitas*)
- Streben der Menschen nach Bildung → Orientierung an Prosa Ciceros für eigenen lat. Sprachstil → Mittellatein wurde verworfen
- Überwindung des mittelalterlichen Weltbildes in ganz Europa
- Humanismus des Petrarca: verfasste Dichtungen in italienischer Sprache; strebte nach geistiger Wiederbelebung Antike; war von Schönheit der klassischen Sprache & Streben

der Menschen nach Bildung begeistert, die er in antiken Werken entdeckte → vertrat als erster eine Auffassung von der Bildung des Menschen, die man als Humanismus bezeichnete
- Gelehrter Nicolaus von Cues: Begründung neues Welt- und Menschenbild → es kam zu verschiedenen Ausprägungen humanistischer Geisteshaltung in Europa
- Humanisten & Gelehrte verband die lateinische Sprache → bis ins 18. Jh. hinein blieb sie Sprache des internationalen Gedankenaustauschs und der Wissenschaft = Neulatein
- Vielfalt im europäischen Humanismus:
  - o Auseinandersetzung mit Griechisch und Hebräisch beginnt in Florenz = Zentrum des Humanismus → Beschäftigung mit griech. Sprache setzte sich auch in übrigen Zentren des Humanismus durch
  - o Freie Entfaltung des menschlichen Geistes & freier Willen → bedeutendste Schrift darüber: *Oratio de hominis dignitate* (Rede über die Würde des Menschen) von Giovanni Pico della Mirandola (1463-1494)
  - o 1. großer dt. Humanist, der sich intensiv mit Hebräischem beschäftigte: Johann Reuchlin (1455-1522) → Vorkämpfer kirchlicher Reformen; strak religiöse Orientierung
  - o Erasmus von Rotterdam (1466-1536): strebte ständige gegenseitige Befruchtung von Wissenschaft & christlichem Glauben an; Herausgeber des Neuen Testaments in griechischer und lateinischer Sprache = Voraussetzungen für Luthers dt. Bibelübersetzung; sein Ziel: Gehalt antiker Weisheit mit Lehre Christi verbinden
  - o Thomas Morus (1478-1535): Werk: *Utopia* → sozialkritische antike Staatsschrift
  - o Ulrich von Hutten (1488-1523): *Epistulae obscurorum virorum* (Dunkelmännerbriefe) → Angriffe gegen Reuchlin wurden hier ironisch abgewehrt
  - o Philipp Melanchthon (1497-1560): evangelische Dogmatik in lat. Sprache; *Confessio Augustana* → fixierte Lehrsätze des Luthertums schriftlich
- Humanistisches Gedankengut prägte lateinische Dichtung → anerkannte Dichter wurden nun vielerorts zum *poeta laureatus* gekrönt → erste dt. Dichter von Barock bis Klassik schulten sich an dieser lateinischen Dichtung (Bsp. Martin Opitz)

7.3 Von der neulateinischen Literatur bis zur Gegenwart

- Rückgriff der Humanisten auf klassisches Latein führte zur Abwertung des Mittellateins → genügte neuen Anforderungen an lat. Sprache nicht mehr → nur noch Absolventen hoher Schulen & Universitäten konnten Ansprüchen an gutes Latein (Neulatein) gerecht werden → für Menschen die keine Lateinschule besucht hatten wurde Latein zu einer toten Sprache
- Latein weicht im Folgenden zunächst Französisch durch Vormachtstellung Frankreichs (Ludwig XIV)
- dann weicht es auch Englisch durch wachsenden Einfluss Englands in Europa
- internationale Gelehrte verständigten sich weiterhin bis ins 18. Jh. auf Latein → viele Schriften wurden aus Landessprachen ins Lateinische übersetzt
- Latein blieb offizielle Sprache der römisch-katholischen Kirche → Juden hielten am Hebräischen & Muslime am Arabischen fest
- 17./18 Jh. Förderung der Nationalsprachen auch im Schulunterricht
- 19. Jh. Rückbesinnung auf klassisches Altertum → Gründung humanistisches Gymnasium → Latein vor Griechisch größten Stundenanteil
- lateinischer Stundenanteil ging bis 1900 zurück & in Reifeprüfung wurde auf lat. Aufsatz verzichtet

- gegenwärtig wird Leistung des Lateinunterrichts in Lehrplänen betont

Quelle: Krefeld, Heinrich (Hrsg.) (2009): Res Romanae. Begleitbuch für die lateinische Lektüre. Berlin: Cornelsen, S. 7-256.